꿈으로의
훈적

꿈으로의 흔적

초판 1쇄 인쇄 2011년 12월 20일
초판 1쇄 발행 2011년 12월 27일

지은이 | 정무공
펴낸이 | 손형국
펴낸곳 | (주)에세이퍼블리싱
출판등록 | 2004. 12. 1(제2011-77호)
주소 | 153-786 서울시 금천구 가산동 371-28 우림라이온스밸리 C동 101호
홈페이지 | www.book.co.kr
전화번호 | 2026-5777
팩스 | (02)2026-5747

ISBN 978-89-6023-724-7 03320

꿈으로의 흔적

정 무 공 지음

단풍이 제법 멋스러워지는 계절에 즐겁고 기쁜 마음으로 이 글을 남깁니다.

저는 어린 시절부터 다양한 방법으로 삶을 보다 가치 있고 보람 있게 하기 위한 교육을 받아오면서 늘 한 가지 의문을 가졌습니다.

배운 것과 현실과의 차이가 바로 그것이죠. 왜 이론과 실재는 차이가 있을까요? 물론 세상의 모든 것이 다 그렇지는 않지만 많은 부분에서 그 차이를 경험하고 어느덧 익숙해져서 때로는 그 차이를 담담하게 받아들이는 나를 보게 됩니다.

또한 다양한 방법을 통해 좀 더 나은 삶을 살거나 성공하는 법, 부자가 되는 법, 성공 노하우 등 우리 주변의 모든 것들이 우리를 보다 더 행복한 삶으로 이끌기 위한 목소리를 내고 있습니다. 그리고 많은 사람들이 훌륭한 분들의 일대기나 유명인들의 삶을 듣거나 보거나 접했습니다.

저도 그 중의 한사람이고요. 그럼에도 불구하고 몇 년 전이나 지금이나 나의 삶에 별다른 변화나 발전이 없다면 그것은 내가 남들에 비해 모자라거나 재능이나 능력, 열정, 용기가 부족하기 때문일까요? 그렇다고는 생각지 않습니다.

우리는 더 행복하거나 성공하거나 자신의 꿈을 실현시킬 방법을 알고는 있습니다. 가령 스스로 생각하기에도 불편할 정도로 몸무게가 많이 나간다면, 그래서 다이어트를 하고 싶다면 우리는 다이어트의 수많은 방법 중에서 내가 할 수 있는 방법으로 원하는 만큼의 무게를 만들어 건강한 생활을 할 수 있습니다.

그럼에도 불구하고 왜 우리는 알고 있는데 하지 못하면서 불편을 감수하거나 투덜거리면서도, 혹은 배부르게 먹고 난 후 후회하는 생활을 반복하는 것일까요? 무엇이 문제일까요? 아니면 그냥 팔자일까요? 『꿈으로의 흔적』은 생각 속에 머물고 있던 바를 생활 속으로 끄집어내서 실천하고 이루고자 하는 간절한 마음으로 만들었습니다.

당신은 이제 52주간(1년)의 계획 있는 생활을 통해 진정으로 당신이 원하는 삶을 스스로 만들어가면서 동기부여를 받으실 수 있습니다. 당신이 멈추지 않는다면 작심삼일로 끝났던 이전의 계획이나 용두사미에 그쳤던 당신의 꿈은 반드시 성취할 수 있으실 겁니다. 미력하나마 함께 52주의 꿈으로의 흔적을 통해 보다 아름답고 행복한 인생을 가꾸어 가시고 원하던 일들을 성취하시는 기쁨을 누리시기를 간절한 마음으로 기원 드리며 감사한 마음을 전합니다.

흔적을 통해 당신이 얻을 수 있는 것은 다음과 같습니다.

1. 계획적인 생활을 할 수 있다.

2. 보다 명확한 목표와 꿈을 설정할 수 있다.

3. 꾸준한 목표도달 활동을 실행할 수 있다.

4. 원하던 삶을 영위하며 살 수 있다.

5. 주도적으로 자신의 삶을 설계하며 꿈을 이루며 살 수 있다.

6. 도전적이며 긍정적인 태도로 이 세상에 기여하며 살 수 있다.

우리가 꿈꾸는 생활을 위해 이제 한걸음씩 발자취를 남기는 이 시작이 당신의 인생을 보다 행복하고 아름답게 할 수 있기를 진정으로 기원합니다.

늘 행복한 사람 평생교육사   정무공

결실과 장미

크건 작건 간에,
꽃들이 여기저기 피어있는
아름다운 정원을 갖고자 하는 이는
허리를 굽혀서 땅을 파야만 한다.

소망만으로 얻을 수 있는 것은
이 세상에서 극히 적은 까닭에
우리가 원하는 가치 있는 것은 무엇이건
일함으로써 얻어야 한다.

당신이 어떤 것을 추구하는가 하는 것은
문제가 아니다.
그것의 비밀이 여기 쉬고 있기에
당신은 끊임없이 흙을 파야 한다.
결실이나 장미를 얻기 위해선.

-에드가 게스트

차례

활용 도움 글

제가 처음 이 주간 계획표를 활용하여 기록을 시작한 것은 한국방송통신대학교에 다닐 때였습니다.

고등학교를 졸업한 후에 직장을 다니면서 결혼을 하고, 공부를 더 해야겠다고 마음먹고 방통대에 진학을 했습니다. 가정과 직장과 학업을 병행하면서 처음에는 일반적인 수첩에다 기록하던 것을, 조금씩 보완하고 개선하면서 저의 삶이 조금씩 계획적으로 바뀌게 되고, 다른 사람들도 사용하면 도움이 되겠다는 용기를 가지고 이렇듯 선보이게 됐습니다.

물론 더 효과적인 스케줄러도 많이 있겠지만 앞서 언급했던 바대로 약간의 동기부여의 글과 함께 한 주 한 주 기록할 수 있도록 만들었습니다. 물론 52주(1년)의 활용만으로 모든 꿈들을 이루는 것은 아닐지라도 좋은 습관이 정착된다면 앞으로의 생활은 일취월장 발전하리라 믿습니다.

동기부여의 글들은 이미 알고 있는 내용일 수도 있으나 한 주간 생활 속에서 다시금 곰곰이 생각해 보시면 보다 더 달콤한 영양제가 될 것이라 기대합니다. 흔적은 당신의 생활을 단순히 기록하는 것이 목적이 아닙니다. 계획적인 생활을 통하여 자신감과 정체성을 확립하고 원하는 삶으로의 방향을 향해 나아가는 당신의 진보를 기록하는 것이며 무엇보다 주인공으로의 주도적인 인생을 살아가는 과정의 든든한 동반자 역할을 목적으로 만들었습니다.

흔적은 어린 시절 먹기 싫어했던 콩이나 파일 수도 있습니다. 혹은 기피하는 음식일 수도 있습니다. 그러나 어머님은 몸에 좋으니 골고루 먹으라며 강요하시죠. 그래도 내 입에는 전혀 즐겁지만은 않은 그런 음식과도 같습니다. 그래서 때로는 억지로 먹어야 했던 그런 음식 말입니다.

흔적에 있는 동기부여의 글들이 바로 때로는 먹기 싫은 파나 마늘 같은 음식일 수 있습니다. 그러나 몸에 해롭지 않을 뿐 아니라 오리려 내 몸을 건강하게 하는 역할을 한다는 것도 알고 있을 것입니다. 그러니 억지로라도 실천해 보시면 좋은 결과를 얻으실 수 있습니다.

동기부여의 글들을 처음부터 끝까지 읽어 보시고, 주간계획을 작성하는 매주 다시 한 번씩 보시면서 결심이 흔들리지 않도록 하신다면 당신은 좋은 경험들을 만나실 것이라 생각됩니다.

원하는 꿈을 성취하는 것이 대단한 일은 아닙니다. 이미 꿈을 이루고 사는 많은 사람들이 있습니다. 단지 나는 시작하지 못 했을 뿐입니다. 시작하면 됩니다. 당장 시작하기로 결심합시다. 오늘을, 내 인생을 새롭게 꾸며 나가는 전환의 계기로 만듭시다.

하루아침에 꿈을 이루는 사람은 없지만 지금 당장 결심할 수는 있습니다. 그리고 시작할 수 있습니다. 내 인생을 보다 아름답고 근사하게 만들기로 결심하고 시작하는 당신을 응원하기 위해 이 책은 존재합니다.

그리고 분명한 것은 이 세상에 못 오를 산은 없고 건너지 못할 강도 없다는 것입니다. 단지 못 오를 것이며 건너지 못하겠다고 생각하고 멈추어선 사람들이 있을 뿐입니다. 하겠다고 결심하고 할 수 있다고 다짐하면 그때부터 길이 보입니다. 그 길을 걷다보면 누구든지 원하는 곳에 도달할 수 있다는 것입니다.

● ● ●

나의 현 위치를 알고 있는가?

매일의 출 퇴근 길에서는 잘 켜지 않다가 가끔 시외나 나들이를 나가는 경우에 예전처럼 지도를 살펴보거나 물어물어 가지는 않습니다. 자동차에 내비게이션이 있기 때문입니다. 얼마나 요긴한지 한 번도 가보지 못한 곳도 척척 안내를 해줍니다.

그런데 가끔은 내비게이션을 작동시키고 목적지를 입력하고는 기다려야 할 때가 있습니다. 위성에서 나의 위치를 찾을 때까지 말입니다. 내가 가야할 목적지를 입력하고 정확한 경로가 나오기 위해서는 현 위치의 좌표가 정확해야 가능한 일이기 때문입니다.

그래서 미래의 목표를 설정하고 그에 따른 행동계획을 수립하기 위한 첫 번째 작업은 자신의 현 위치를 정확하게 파악하기 위하여 스스로를 정직하게 평가하는 일입니다. 내가 어느 곳에 있는지 알지 못하고 어딘가로 갈 수는 없기 때문입니다.

이제 스스로를 점검해 보도록 합시다. 가정에서 나의 위치는 어떠한지, 나만의 차별화된 경쟁력은 무엇인지, 몸과 마음의 건강정도는 어떠한지, 경제력은 어느 정도인지 등등 나 자신에 대한 프로필을 작성하듯이 스스로를 살펴보도록 합시다. 지금의 내 자신의 진정한 모습을 파악하고 나의 꿈을 이루기 위해서 개선해야 할 것은 무엇인지, 부족한 점은 없는지 살펴봅시다.

꿈을 이루어가는 과정에서 나의 장점과 단점을 잘 파악하는 일은 무엇보다 우선해야 할 일입니다. 어제까지의 나의 생각과 경험이 오늘의 나를 만든 것이 분명하기에 이제 꿈을 향해 나아가기에 앞서 자신을 돌아보는 일은 자신의 현 위치를 파악하고 출발 준비를 하는 것과 같습니다.

● ● ●

나는 무엇을 원하는가?

어떤 것이든 새로움이라는 것은 설렘을 동반하는 것 같습니다. 새로움이라는 그 무엇이 우리들을 기분 좋게 만들기 때문입니다. 본 흔적은 요일이 인쇄되어 있지는 않습니다. 당신이 결심하는 바로 그 순간이 언제든 시작할 수 있습니다.

이 글을 읽고 마음이 움직이는 그때가 바로 시작입니다. 다만 시작하면서 한 가지만 다짐합시다.

이건 스스로와의 약속이며 근사하고 멋진 내 인생과의 약속입니다.

스케줄이나 간단히 메모를 남기는 정도를 안 해본 사람은 없을 것입니다. 또한 여간 꼼꼼하지 않더라도 일주일을 종이 한 면에 기록하는 것이 불가능하다고 생각되지는 않습니다.

그러니 일단 시작해 봅시다. 주인공이 당신인, 오직 당신만의 흔적을 시작해 보는 것입니다. 당장의 목표활동에 대한 계획이 없다면 여유를 가지고 다음의 목표설정 방법을 참고삼아 목표를 설정합니다.

동기부여의 글들이 매주 함께 하지만 주변에서 혹은 이미 당신은 더 훌륭한 분들의 동기부여를 받고 있을지도 모릅니다. 제가 드릴 수 있는 동기부여의 핵심은 당신도 잘 알고 있는 내용입니다. 다름 아닌 "이 세상에 공짜는 없다" 는 것입니다.

그리고 그것을 실천하자는 것입니다. 우리가 무엇이든 새로운 결심을 하고 실행을 하려고 한다는 것은 인생에 무엇인가를 추가로 얻는다는 것인데, 얻기 전까지는 결국 준비를 한다는 것입니다. 원하던 것을 받을 준비를 한다는 것이죠. 그리고 받을 준비가 완전하게 된 사람은 원하는 바를 이룬다는 것입니다.

나를 비롯해 내 주변에 있는 모든 사람들이 원하는 것이 있습니다. 그러나 원하는 바를 소유하는 사람도 있지만 늘 원하기는 하는데, 일 년이 지나고 오 년이 지나도 그 자리에서 바라기만 하는 사람들도 있습니다. 그러니 이제 나는 무엇을 원하는지를 잘 생각하고 살펴보기로 합시다.

다음의 표에 당신이 원하는 것을 기록합니다. 가능한 빈 칸이 생기지 않도록 다 기록하도록 합니다. 혹 부족하다면 다른 곳에 더 기록합니다.

하고 싶은 일	가고 싶은 곳	갖고 싶은 것

이제는 옆면에 기록한 원하는 것들을 바탕으로 52주 안에 꼭 했으면 하는 것들을 항목별로 3 가지씩 아래에 기록합니다. 조금 더 세밀하게 작성해야 하니 신중하게 고려해서 기록합니다.

	내용	이유	비용	기한
하고 싶은 일				
가고 싶은 곳				
갖고 싶은 것				

이제 나의 목표활동들이 생겼습니다. 이것을 꼭 할 수 있기를 바랍니다. 무엇을 기록하셨든지 반드시 이룰 수 있음을 잊지 마시고, 매주 나의 목표활동에 반복해서 기록합시다. 비용 란에는 예 상되는 비용을 기록하시고, 연장이 될 수도 있지만 기한을 반드시 정하시기 바랍니다. 글쓰기 연 습이 아니라 나의 생활을 통제하는 아주 좋은 방법입니다.

제 1 주
대가 치르기

당신은 이미 열심히 자신의 일상을 기록하고 있었을지도 모릅니다. 허나 이 꿈으로의 흔적을 손에 쥐고 원하는 바를 성취하기 위해 한걸음씩 나아가는 당신에게 처음부터 대가를 지불하라고 요구하려 합니다.

자신의 이미 준비된 크기 안에서 새로운 것을 원한다면 원하는 것의 크기만큼 무엇인가를 떼어내야 합니다. 좋은 것을 원한다면 자신의 좋은 것을 희생의 대가로 지불해야 합니다. 왜냐하면 이 세상에 공짜는 없기 때문입니다.

그렇다고 대단히 무리한 대가를 요구하지는 않습니다. 그저 단단히 결심하고 실행하기 위한 조금씩의 변화를 받아들일 준비가 필요하며, 성취할 대상을 정확하게 파악하며, 흔적을 통해 자신의 행보를 계속해서 기록해 나갈 시간을 만드는 대가를 치르시면 됩니다.

또한 흔적은 당신의 목표달성을 돕기 위해서 계획적인 청사진을 만들 것을 권합니다. 이제 당신은 열정을 가지시고 하루하루 꿈을 향한 계획들을 점검하고 보완하면서 자신의 꿈을 이루어 나가시면 됩니다.

24시간 중에 남에게 방해받지 않을 자신만의 시간을 준비하여 꿈으로의 흔적을 기록하시고 가능하시면 조용한 공간에서 가사가 없는 음악이나 클래식이 잔잔하게 흐르면 더욱 좋을 것입니다.

매일매일 일상이 되도록 미루지 마시고 자신의 계획을 실천하시고 그것을 체크하셔야 합니다. 이것이 첫 번째 대가를 치르는 것입니다. 잊지 마세요. 매일매일.

제 1 주 꿈으로의 흔적

목표활동		
약속 / 만남		
가치상승	독서	
	心(심)	
	身(신)	
일 -		
월 -		
화 -		
수 -		
목 -		
금 -		
토 -		
주간정리		
잊지 말 것		
습관개선		
주간명언		

제 2 주
주변을 정리하자

여러분이 무엇을 계획하시고 실천하면서 자신의 주변을 잘 정리정돈하면 더욱 집중할 수 있으며 습관이 되면 항상 정결한 상태에서 자신의 일을 수행할 수 있습니다.

책상이든 집안이든 사용하기 편리하도록 정리를 잘하는 습관이 정착되면 시간도 절약이 됩니다. 청소를 미루고 지저분한 상태로 있거나 잡동사니들로 정신없는 공간이 깔끔해지면 마음도 상쾌한 것은 당연한 일입니다.

자신의 몸도 청결을 유지하듯이 나의 주변도 늘 정리가 잘 되어 있도록 하며 그것이 계속 유지될 수 있도록 하는 것이 중요합니다. 버려야 할 것은 과감하게 처분하는 것도 좋을 것이며, 더 이상 사용하지 않는 물건들은 벼룩시장이든 필요한 이웃에게 나누어 주는 것도 좋을 것입니다.

저희 집 생활규칙 중에 '물건은 항상 제자리' 라는 항목이 있습니다. 아이들이 아직 어려서 만들어 놓은 규칙 중 한가지입니다. 제자리에 두지 않은 물건을 찾느라 이리저리 찾아다니는 수고를 덜어줍니다.

더 나아가 시간 정리, 마음 정리도 해보시길 바랍니다. '차차 하자, 내일 하자' 그런 미루는 마음이야말로 자신도 모르게 세상에서 가장 무능한 사람으로 만들어 버립니다. 주변을 정리하는 것이 작고 사소한 일이지만 꿈으로 나아가는 변화의 시작입니다.

목표활동		
약속 / 만남		
가치상승	독서	
	心 (심)	
	身 (신)	
일 -		
월 -		
화 -		
수 -		
목 -		
금 -		
토 -		
주간정리		
잊지 말 것		
습관개선		
주간명언		

제 3 주
어제와의 이별

꿈으로의 흔적을 시작하면서 조금씩 생활에 변화가 생기고 있습니까?

이제 당신은 매일 어제까지의 나와는 이별을 해야 합니다. 과거의 나는 놓아주어야 합니다. 왜냐하면 나는 지금부터 새로운 인생을 만들 것이기 때문입니다.

어제까지는 아침부터 늦잠으로 허둥대야 했던 나를 이제는 만나지 않을 것이기 때문입니다. 밤늦도록 텔레비전 앞에 있던 나는 어제까지입니다. 이제 소파에 앉아 뒹굴던 나는 책상에 앉아 있을 것입니다. 계속해서 먹을 것을 찾고 있던 나의 발걸음은 다른 곳을 향할 것입니다. 짜증내고 소란스럽고 경망스러웠던 어제까지의 나의 모습을 이제는 만나지 않아도 됩니다. 결별입니다. 잊으세요. 작별을 고하세요.

내일로 미루고 변명이나 핑계를 찾던 나는 어제까지의 모습이고 오늘부터는 다른 나를 만나는 것입니다. 물론 내일의 나는 또 다른 모습일 것입니다. 계속해서 새로운 나를 만나는 여행을 시작하는 것입니다.

하루아침에 모든 것이 변한다는 것이 무리라고 미리 걱정하지 마세요. 뒤돌아서는 것입니다. 실제 오늘의 나는 어제와 생각이 바뀐 것입니다. 어제와 똑같이 늦잠을 잤더라도 오늘은 늦잠을 잔 나를 반성하고 내일은 늦잠에서 벗어나기 위해 모닝콜을 더 준비하고 조금 일찍 잠자리에 들 것이기 때문에 어제와는 다른 것입니다.

이러한 사소한 차이가 반복적으로 계속되면서 어제와의 작별이 시작되는 것입니다. 나의 일상에 아무런 변화도 없이 새로운 무엇인가를 추가로 얻기만 하려 한다면 그것은 심한 착각입니다. 새롭게 목표가 있는 생활로의 변화가 없이는 아무런 것도 손에 쥘 수는 없다는 것을 이해하셔야 합니다. 스스로 바람직한 생활을 시작하려는 결심을 단단히 하고 어제와 이별을 고하는 당신에게 응원을 보냅니다.

제 3 주 꿈으로의 흔적

목표활동		
약속 / 만남		
가치상승	독서	
	心(심)	
	身(신)	
일 –		
월 –		
화 –		
수 –		
목 –		
금 –		
토 –		
주간정리		
잊지 말 것		
습관개선		
주간명언		

제 4 주
더 나은 삶을 위하여

인생이란 항상 공평하지만은 않습니다. 그러나 당신은 순간의 고통이나 장애물, 곤란 등이 당신의 태도나 계획에 해를 입히게 해서는 안 됩니다. 왜냐하면 당신은 소중하기 때문입니다.

실수를 저지르거나 어느 순간 좌절을 하더라도 그것을 너무 오래 돌이켜보지는 마십시오. 나뿐만 아니라 이 세상 그 누구라도 겪는 일상입니다.

밤낮 사소하고도 중요치 않은 많은 일들로 시간을 보내다가, 막상 중요한 일이 닥쳤을 때 정작 그것을 해낼 시간이 없는 그런 일을 겪지 않도록 하십시오. 즐거운 생각을 토대로 오늘 하루의 일과를 설계하십시오. 오늘 그리고 매일 당신에게 주어진 것보다 더 많은 일을 해내십시오. 언제나 행동으로서 자신을 증명하십시오. 사소한 일이라고 해서 결코 소홀히 하지 마십시오.

매일 아침을 미소로 맞이하십시오. 당신은 하루에 한 번씩 당신의 장엄한 꿈을 이룰 수 있습니다. 그러니 매일매일 목표를 결정하십시오. 목표가 있다는 것은 집중해야 할 일이 있다는 것입니다. 그리고 집중은 반복적인 일상을 점점 개선하도록 도와줍니다. 이 개선이 점차 창의적인 나를 만들어 주고 나아가 내 삶의 질을 변화시켜 보다 나은 삶으로 이끌어 줍니다.

처음은 누구나 비슷합니다. 그러나 아주 작은 사소한 당신의 태도 변화로 즐겁지 않은 일상을 행복한 삶으로 이끌어 준다는 것을 이 흔적을 통해 알게 될 것입니다. 매일의 일상이 즐겁고 보람 있도록 당신 스스로 만들어 가는 것입니다. 너무 조급해 하지 마시고 차근차근 당신의 목표를 향해 전진하는 일 자체로도 이미 보다 나은 삶을 경험하고 있는 것입니다.

제 4 주 꿈으로의 흔적 ▪▪▪▪

목표활동		
약속 / 만남		
가치상승	독서	
	心(심)	
	身(신)	
일 –		
월 –		
화 –		
수 –		
목 –		
금 –		
토 –		
주간정리		
잊지 말 것		
습관개선		
주간명언		

제 5 주
습관 길들이기

많은 사람들이 습관의 중요성을 강조하는 데는 충분한 이유가 있습니다. 자신의 꿈을 실현하기 위해서는 이제는 바꾸어야 합니다. 나의 주변이 온통 성공으로 향하는 나를 응원할지라도 나의 좋지 못한 습관을 바꾸지 않으면 나의 꿈은 그냥 희망사항으로 남겨질 뿐입니다.

나쁜 습관은 자동차 엔진에 붙어 있는 찌꺼기와 같은 역할을 합니다. 이제 꿈을 향해 나아가는 당신의 삶에 스스로 개선해야할 나쁜 습관을 좋은 습관과 대체시켜야 합니다. 꿈의 실현에 장애가 되는 습관들이 줄어드는 만큼 당신의 생활은 꿈을 향해 전진하는 것입니다.

습관이 쉽게 만들어진 것이 아닌 것처럼 개선하는 것도 시간과 노력이 필요합니다. 그래서 매일의 일상을 돌아보고 자신과의 싸움에서 밀리지 말아야 함은 당연한 것입니다. 그리고 바로 그것이 대가를 지불하는 것입니다. 무엇하나 쉽지는 않습니다. 그러나 걱정할 필요는 없습니다. 꿈을 향할 것을 결심하는 순간부터 당신은 이미 돌아서기 시작한 겁니다.

인생이 마음먹기 나름이라고 좋은 습관으로 가득 찬 당당한 자신의 모습을 기대하시고 한걸음씩 꿈을 향해 나아갑시다. 비행기가 목표를 향해 하늘을 날아가는 것처럼 전진합시다. 후진하는 비행기가 없듯이 앞으로만 나아갑시다.

결심하시고 매일 조금씩의 변화를 쉬지 말고 계속하여, 생각하지 않아도 몸이 자동으로 반응하여 익숙하고 편해지도록 꾸준히 반복하면 좋은 습관이 만들어 집니다. 최소한 6개월 정도의 시간이 필요합니다. 조금 더 길게 잡아도 1년이면 습관이 정착됩니다. 너무 길다고 생각할 필요는 없습니다. 바꾸지 않아도 이 시간은 지나갈 것이기 때문입니다.

제 5 주 꿈으로의 흔적

목표활동		
약속 / 만남		
가치상승	독서	
	心 (심)	
	身 (신)	
일 –		
월 –		
화 –		
수 –		
목 –		
금 –		
토 –		
주간정리		
잊지 말 것		
습관개선		
주간명언		

제 6 주
지금 당신이 하는 일

이 세상 누구나 무언인가를 합니다. 오늘 태어난 아기도 엄마를 찾아 젖을 먹습니다. 죽는 그 순간까지 무엇인가를 하려고 애를 씁니다.

당신이 지금 어느 위치에 있던지 당신의 자리에서 최고가 되고자 노력한다면 그럴 수 있습니다. 나와는 맞지 않지만 억지로 한다고 생각하면 더욱 괴로운 고난 속으로 찾아 들어가는 것과 다를 바 없습니다. 그러니 당신의 위치에서 해야 할 일을 최선을 다해서 지혜롭게 해나가야 합니다. 나에게 적당한 일이 아니라서 다른 일을 찾을지도 모르지만 지금은 있는 자리에서 최선을 다해야 합니다. 다른 곳으로 시선을 돌리는 순간부터 지금의 일은 손에 잡히지 않습니다. 그리고는 변명거리를 찾아 자기 합리화를 모색하겠죠.

한 우물을 파라는 어른들의 말씀을 잘 생각해 보아야 합니다. 이리 저리 기웃거리다가 정작 잡아야 할 것을 놓치기 십상입니다. 푸른 초원의 사자도 사냥을 위해 정해놓은 얼룩말을, 중간에 더 좋은 먹잇감이 나타나도 처다 보지 않고 오직 처음 목표에만 집중한다고 합니다. 중간에 나타난 먹잇감으로 방향을 바꾸면 둘 다 놓친다는 것을 알기 때문이죠.

지금 당신이 하는 일에 최선을 다해 보시기 바랍니다. 지금의 일이 비록 누가 알아주지 않는다고 실망하거나 눈치 볼 필요는 없습니다. 일을 통해서 하고 싶고 원하는 당신의 목표들을 성취할 수 있기 때문입니다.

제 6 주 꿈으로의 흔적

목표활동		
약속 / 만남		
가 치 상 승	독서	
	心(심)	
	身(신)	
일 -		
월 -		
화 -		
수 -		
목 -		
금 -		
토 -		
주간정리		
잊지 말 것		
습관개선		
주간명언		

제 7 주
긍정의 날개

　당신의 마음속에서 뭔가 가치 있는 것이 나오기를 원한다면, 우선 뭔가 가치 있는 것을 공급해야 합니다. 당신이 흔적을 통해 꿈을 향해가고 있다는 것은 이미 긍정을 동의하고 있음을 의미합니다. 할 수 있다는 생각은 당신이 결실을 맺기까지 계속해서 할 수 있는 방법들을 찾도록 도와줍니다.

　긍정의 힘은 변명이나 핑계를 찾지 않습니다. 긍정은 항상 방법을 제공합니다. 당신은 단지 할 수 있다는 강한 신념을 잃어버리지 않으면 됩니다. 이 신념은 당신의 꿈에 대한 확실한 믿음에서 나옵니다. 그러니 결국 꿈을 성취해가면서 당신은 점점 긍정적인 사람이 되어 간다는 말입니다. 인생이 바뀌어 가는 과정인 것이죠. 지금 당신이 수행하는 땀방울이 기적을 만들어 가는 것입니다.

　더욱 긍정적인 언어를 많이 사용하도록 합시다. ‘나는 무엇이든 할 수 있다’ 라고 말하는 순간 나의 생각에 창조력이 생겨납니다. 그래서 이전에는 보이지 않던 방법들이 보이는 것입니다. 당신의 생활 속에서 이러한 변화들을 더욱 많이 경험하게 되실 겁니다. 이것이 꿈으로 향하는 당신의 흔적입니다. 긍정적인 태도가 생활 속에 많이 적용되면 꿈으로 향한 발걸음에 날개가 되어 줄 것입니다.

　미시간대학 심리학과 바브라 프레드릭슨 교수는 “성격은 어쩔 수 없다고 여기는 사람이 많지만 조금만 노력하면 낙관적 감정을 가질 수 있다” 고 말합니다. 지금 노력하는 당신을 응원합니다.

제 7 주 꿈으로의 흔적

목표활동		
약속 / 만남		
가 치 상 승	독서	
	心 (심)	
	身 (신)	
일 –		
월 –		
화 –		
수 –		
목 –		
금 –		
토 –		
주간정리		
잊지 말 것		
습관개선		
주간명언		

제 8 주
지금 시작하라

히말라야 산속에는 야맹조라는 새가 있다고 합니다. 낮이면 신나게 즐기다 밤이면 잘 둥지가 없어서 다른 새의 둥지에 파고들어가 자는데 밤새도록 집주인으로부터 구박을 받는다고 합니다.

야맹조는 서러움에 눈물을 흘리며 "내일이면 집 지으리 내일이면 집 지으리" 라고 구슬프게 노래하지만, 야맹조는 일생이 다 가도록 결국 집을 짓지 못한답니다.

혹시 내 마음에도 이 야맹조가 자리한 구석이 없는지 살펴봅시다. 내일로 미루거나 다음에 해야지, 혹은 형편이 되거나 여유가 있으면 이라는 생각이 든다면 이 야맹조를 몰아내야 합니다.

당신이 경계해야 할 대상이 바로 '내일이면' 입니다. 오늘은 조금 쉬어야지라고 마음먹은 순간부터 긴장은 풀리고 몸은 축 늘어져 의욕이 사라지기 시작합니다. 해야 할 일이 있음에도 미루다가 나의 꿈도 계속해서 밀려납니다. 그 다음에는 후회가 찾아오겠죠.

생활의 여유도 있어야 한다는 생각이 들지도 모르지만 여유나 휴식은 부지런함에서 찾아야 합니다. 아침마다 시간이 부족하다고 정신없이 밥도 챙기지 못하고 분주하다면 10분 먼저 일어나면 어떨까요. 오늘 미룬 아침은 영원히 먹지 못합니다. 오늘 하려고 했던 일을 미루는 것을 최대의 적으로 생각하고 맞서야 합니다. 나의 심장이 오늘은 쉬고 내일 두 배로 열심히 하겠다고 미루지 않는 것처럼 당연한 일을 하지 못해서 꿈을 져버리는 후회가 없도록 합시다.

제 8 주 꿈으로의 흔적

목표활동		
약속 / 만남		
가치상승	독서	
	心(심)	
	身(신)	
일 -		
월 -		
화 -		
수 -		
목 -		
금 -		
토 -		
주간정리		
잊지 말 것		
습관개선		
주간명언		

제 9 주
밑불은 기름보다 강하다

가을낙엽을 갈퀴로 긁어모아 불을 붙입니다. 낙엽 타는 연기 냄새가 구수하니 참 좋습니다. 날마다 꿈으로 한걸음씩 나아가는 당신은 주위 사람들에게 구수한 향을 내는 존재일지도 모릅니다.

낙엽을 태우며 모닥불에 둘러앉아 즐거운 시간을 가졌던 지난 여름밤이 기억납니다. 처음 모닥불을 붙일 때 무척 애를 먹었습니다. 생나무에 불을 붙이려니 잘 안 돼 결국 기름을 조금 부었으나 기름이 타고 나면 금방 꺼지곤 했습니다. 그렇게 몇 번을 기름을 붓고 입김으로 불어 겨우 밑불이 생기니 그제야 모닥불이 활활 탑니다. 밑불이 생기자 생나무도 탁탁 잘 탑니다. 기름을 부었을 때보다 더 잘 타오릅니다.

꿈을 향해 나아갈 때도 마찬가지가 아닌가 생각됩니다. 처음 시작이 조금 힘겨울지도 모르나 어느 정도 탄력을 받으면 어떠한 어려움도 장애가 되지 않습니다. 그것이 바로 열정이겠죠. 끊임없이 불을 지펴주는 밑불처럼 우리 마음에 열정이 불타오르면 그 어떤 일이라도 해낼 수 있는 자신감도 생기고, 또한 자신이 놀랄 정도의 힘을 발휘하기도 합니다.

당신의 열정이 식지 않도록 매일매일 최선을 다해봅시다. 잠깐의 힘을 얻을 수 있는 기름보다 밑불의 추진력이 더욱 강함을 체험하는 생활이길 바랍니다.

제 9 주 꿈으로의 흔적

목표활동		
약속 / 만남		
가치상승	독서	
	心(심)	
	身(신)	
일 -		
월 -		
화 -		
수 -		
목 -		
금 -		
토 -		
주간정리		
잊지 말 것		
습관개선		
주간명언		

제 10 주
단계별 전략

　꿈으로의 흔적을 통해서 매주 계획적인 사전 준비를 하는 훈련은 당신을 매우 효율적으로 관리하게 하며 더 많이 성취할 수 있도록 도와줄 것입니다. 최종목표가 정해지면 단계별로 실행하는 단위목표를 세분화해서 주간목표와 일간목표로 나누어 매일 매일의 목표달성이 이루어져야 합니다. 그리고 한 주간의 목표 중에서도 우선순위를 구분하여 하나하나 해야 할 일들을 체크하시면서 시간조절도 하시면 만족한 결과를 얻으실 수 있습니다.

　목표는 항상 시각화하는 것이 좋습니다. 많은 사람들이 꿈을 꾸지만 꿈으로 남는 경우는 대부분이 생각으로 그치거나 단계별 계획의 구체화를 소홀히 하기 때문입니다. 예를 들어 6개월 뒤에 해외여행을 가는 것을 목표로 비용을 준비하는 계획을 세운다고 합시다. 우선 예상되는 경비의 목록을 준비하여 전체 금액을 구하고 그것을 6으로 나누면 한 달 동안 모아야 할 비용이 얼마인지 구체적으로 나옵니다. 그리고 이것을 1주일과 1일로 세분하면 정확한 금액이 나옵니다. 그러면 6개월 뒤의 여행을 위해서 오늘 마련해야 할 비용이 계산됩니다. 당신은 이 비용을 준비하기 위해서 일을 더 할 수도 있고 아니면 생활비를 절약하는 방법으로 준비할 수도 있습니다.

　또한 여행을 위해 필요한 목록도 만들어 매주 목표한 대로 준비를 한다면 더욱 알찬 여행을 즐길 수 있을 것입니다. 여행지를 선택하는 구체적인 이유와 방법 등을 더 많이 연구하고 준비하면 준비된 만큼의 여행이 될 것은 분명합니다. 매주 흔적을 통해서 당신은 철저한 준비와 계획으로 목표지향성을 가지게 될 것이며 이러한 목표지향성이 형성되면 당신이 꿈꾸는 모든 것을 실현할 수 있는 사람이 되는 것입니다.

제 10 주 **꿈으로의 흔적** ■ ■ ■ ■

목표활동		
약속 / 만남		
가치상승	독서	
	心(심)	
	身(신)	
일 —		
월 —		
화 —		
수 —		
목 —		
금 —		
토 —		
주간정리		
잊지 말 것		
습관개선		
주간명언		

제 11 주
나는 무엇에 미쳐 있는가

루터 바빙크는 식물에 미쳐 있었고, 에디슨은 발명에 미쳐 있었습니다. 포드는 자동차에 미쳐 있었고, 라이트 형제는 비행기에 미쳐 있었죠.

당신은 지금 당신의 마음을 사로잡고 있는 것에 주의를 기울이고 있습니까? 왜냐하면 "자기가 미쳐 있는' 그것은 반드시 실현되기 때문입니다. 식사를 하면서도 다른 작업을 하면서도 잠드는 그 순간에도 자신을 사로잡고 있는 무엇인가가 있다면 그것은 반드시 당신의 손에 이루어질 것입니다.

미쳐 있는 사람에겐 장애나 한계를 극복할 힘과 방법이 보입니다. 자신도 놀랄 정도의 잠재력으로 당신을 목표로 돌진하게 만드는 힘을 만나게 될지도 모릅니다. 무엇이든 미쳐 있는 사람은 게으름을 피울 사이도 없으며 시련이라 할 만한 것들도 없습니다.

늘 행동으로 말하는 사람이며 열정적으로 전진하는 사람입니다. 음악에 미친 사람, 그림에 미친 사람, 낚시에, 자동차에, 컴퓨터 등 이해할 수 없는 방면에 미쳐 있는 사람들이 바로 당신의 주위에도 흔히 있을 것입니다. 그들은 앞만 보고 전진합니다. 좌우를 살피거나 뒤돌아서지도 않습니다. 당신도 당신의 목표에 미쳐야 합니다. 아니 미치려고 노력해야 합니다.

제 11 주 꿈으로의 흔적 ▪▪▪▪

목표활동		
약속/만남		
가치상승	독서	
	心(심)	
	身(신)	
일 -		
월 -		
화 -		
수 -		
목 -		
금 -		
토 -		
주간정리		
잊지 말 것		
습관개선		
주간명언		

제 12 주
자신감을 갖자

자신감은 풍선에 바람을 불어 넣는 것과 같습니다. 너무 많이 불어 넣으면 위험합니다. 그렇다고 너무 적어도 볼품이 없어지죠.

적절한 양의 모양이 나와서 보기 좋을 만큼의 크기가 되어 있어도 시간이 지나면서 조금씩 바람이 빠집니다. 그래서 가끔씩 다시 바람을 불어 넣어야 합니다.

당신은 자신 스스로에게 바람을 불어 넣어야 합니다. 좋은 방법으로는 거울을 보면서 자신에게 밝은 미소로 '난 할 수 있어' '오늘은 어제보다 더 멋진 걸' '힘내자' 등 주먹을 움켜쥐고 거울 속에 비친 자신을 최고로 여기는 겁니다.

물론 완벽한 사람은 없습니다. 누구나 조금씩의 부족한 부분들이 있는 것을 인정합니다. 그러나 자신의 허물을 자꾸만 들추어 내지 말고 장점을 보려고 노력해야 합니다. 자신감을 위축시키는 과거의 과오보다 보람 있었고 자랑스럽던 기억을 떠올리며 꿈을 이룰 수 있다고 말해야 합니다. 이러한 자신이 사랑스러워 보이는 것이 바로 자신감입니다.

또한 나아가 주위에 늘 만나는 사람들도 나처럼 꿈이 있는 하나의 존재들임을 잊지 말고 그들을 존중하고 사랑하는 마음을 가지는 것도 중요합니다. 나와 경쟁상대로 여길 사람은 주변 사람들이 아니라 어제의 자신임을 상기해야 합니다.

그래서 자신을 돌아보고 더 나아질 자신을 만나는 것은 중요한 자신감의 원천입니다. 홀로 있을 때마다 자신에게 자신감을 불어 넣어주세요. 그리고 하루하루 자신의 꿈을 향한 발걸음이 기록되는 것을 보면서 어제의 나보다 오늘의 내가 점점 나아지는 것을 스스로 칭찬해주세요.

자신감은 혼자 있을 때 그 진가가 나타납니다. 늘 자신을 사랑하며 스스로 보상해주는 것을 잊지 마시길 바랍니다.

제 12 주 꿈으로의 흔적

목표활동		
약속 / 만남		
가치상승	독서	
	心(심)	
	身(신)	
일 -		
월 -		
화 -		
수 -		
목 -		
금 -		
토 -		
주간정리		
잊지 말 것		
습관개선		
주간명언		

제 13 주
시간 관리

　우리는 시간을 낭비하거나 소비할 수는 없습니다. 시간은 하루24시간으로 누구에게나 주어진 선물이라고 말하지만 인간은 누구든 시간을 관리하지는 못합니다. 다만 유한한 인생 속에서 자신을 낭비하거나 방치할 수 있을 정도입니다.

　그럼에도 우리는 시간 관리라는 말을 자주 접하게 되는 것이 사실이기도 합니다. 자신의 삶을 관리하라는 말로 들으면 좋습니다.

　그런데 삶이란 계획대로 진행되지 않는 묘한 매력을 가지고 있는 것이 사실입니다. 그렇다면 뜻대로 진행되는 것도 아닌 인생의 흐름 속에서 시간을 관리하는 목적은 무엇일까를 생각해 보아야 합니다.

　그것은 인생에서 가장 중요한 것을 이해하고 그것을 자신의 삶 속에서 이루어가는 것이라 말할 수 있습니다. 결국 자기를 통제하는 능력이 바로 시간 관리인 셈입니다. 또한 시간 관리에 있어 중요한 것은 효율을 찾는 것입니다. 동일한 시간이라 할지라도 저마다의 특성에 따라 다른 성과가 나오는 것이 당연합니다.

　그렇다면 더 많은 일을 해내는 사람은 어떤 사람들일까요. 내가 수행하려는 일이 이 세상 그 누구도 해보지 않은 일이 아니라면 누군가는 이미 성공적인 방법을 알고 있는 것입니다. 이러한 것을 잘 알려고 하는 노력이 바로 시간을 효율적으로 관리하는 방법일 것입니다. 어느 방면이든 전문가가 있습니다. 그것을 배우면 됩니다. 물론 미리 배워두는 것이 더욱 효과적인 것은 당연한 일입니다.

제 13 주 꿈으로의 흔적

목표활동		
약속 / 만남		
가치상승	독서	
	心(심)	
	身(신)	
일 –		
월 –		
화 –		
수 –		
목 –		
금 –		
토 –		
주간정리		
잊지 말 것		
습관개선		
주간명언		

제 14 주
우주 여행자의 생각

조금은 엉뚱하게 들릴 수도 있지만 당신과 그리고 지구에 사는 70억의 사람들은 늘 우주를 여행하고 있습니다. 광속(빛의 속도)이나 음속이라는 단어를 아실 거라 생각됩니다. 지구의 자전속도는 시간 당 1,660km 정도입니다.(음속과 지구의 자전속도는 시속이고 광속은 초속입니다. 비교가 되지 않습니다.) 지구의 공전 속도는 초당 29.8km 정도입니다. 시속으로는 약 108,000km입니다.

복잡한 계산은 접어두고 적도 상에 있는 사람들은 어떤 속도로 움직이게 될지 생각해 봅시다. 적도 둘레가 약 4만㎞÷24시간 60분÷60초=462.9m/초, 정도의 계산이 나옵니다. 즉 적도 상에 있는 사람은 가만히 서 있어도 1초에 462m를 원운동으로 움직인다는 결론이 나는 것입니다. 가만히 땅 위에 앉아 있으면서 1초에 400m를 달리고 있으니 얼마나 무서운 속도입니까?

이것은 지구의 자전속도에 관한 내용일 뿐이고 이제는 지구의 공전속도를 생각해 봅시다. 1초에 지구가 30㎞를 날아갑니다. 보통 10리를 4㎞로 잡는데 이렇게 계산하면 1초에 70리를 가고 2㎞가 남는 거리이니 얼마나 빠른 속도로 날아가고 있는지 상상이 갈 것입니다.

보통 초음속기는 소리의 속도보다 빠른 비행기를 말합니다. 소리의 속도는 1초에 340m, 빛의 속도는 1초에 30만㎞이니까 빛보다는 느리지만 초음속기보다 10배 정도는 빠른 것입니다. 즉 인간은 지구의 제자리에 있는 것이지만 마치 우주선을 타고 우주공간을 날아다니는 것처럼 그것을 과학적으로 계산해 본 것입니다.

이렇게 본다면 우리는 지구를 타고 우주를 여행하는 것이 무리한 억지는 아니겠죠. 조금 다르게 생각해보면 우리가 외계인은 아니지만 이미 우주인입니다. 그러므로 우리의 생각이나 꿈도 우주처럼 넓게 해보면 좋을 것 같습니다.

제 14 주 꿈으로의 흔적

목표활동		
약속 / 만남		
가치상승	독서	
	心 (심)	
	身 (신)	
일 -		
월 -		
화 -		
수 -		
목 -		
금 -		
토 -		
주간정리		
잊지 말 것		
습관개선		
주간명언		

제 15 주
굿 모닝 투데이

대체로 좋지 못한 습관들은 별 노력 없이도 쉽게 만들어지고 좋은 습관은 피나는 노력이 필요하다고 말들을 하지만 처음부터 좋은 습관이 들도록 가르치고 따랐다면 힘든 일도 아니고 어려운 것도 아닐 것입니다.

다만 이미 익숙해서 생각하지 않으면 몸이 자동으로 반응하는 것을 이제 바꾸려고 하니까 조금 노력이 필요할 뿐입니다. 예를 들어, 새벽 시간을 활용하고자 해서 5시에 일어나는 습관을 만드시려면 당장 내일 새벽 5시에 일어날 수도 있습니다. 허나 우리 몸은 갑작스러운 변화에 적응하는 것에 시간이 필요합니다.

저의 경우 지금은 4시 30분에 일어나는데 처음부터 갑작스럽게 일찍 일어난 것이 아니라 처음 한 달은 평상시보다 10분 일찍 일어났습니다. 그리고 한 달간 계속 같은 시간에 일어나기를 멈추지 않았습니다. 낮 동안의 생활에 부담이 되지 않도록 하기 위해서, 그리고 몸이 적응하도록 말입니다.

그리고 다달이 10분씩 일찍 일어나기를 계속해서 지금의 시간에 이르렀고 이렇게 1년을 지속하면 무리 없이 2시간을 일찍 일어나게 되고 지금은 알람이 없어도 자동으로 제 시간에 일어나게 됩니다. 물론 잠자리 시간도 조절을 해서 하루 7시간 이상은 몸이 쉬도록 합니다. 그러다 보니 너무 늦은 저녁 모임이나 특별한 일이 없는 경우를 제외하면 충분한 수면을 취합니다.

결국 습관이란 생각하지 않아도 몸이 반응하도록 하는 것입니다. 그러려면 매일 꾸준히 반복하는 것입니다. 아주 단순한 일입니다.

제 15 주 꿈으로의 흔적

목표활동		
약속 / 만남		
가치상승	독서	
	心(심)	
	身(신)	
일 -		
월 -		
화 -		
수 -		
목 -		
금 -		
토 -		
주간정리		
잊지 말 것		
습관개선		
주간명언		

제 16 주
자신과의 협상

우리는 일상의 생활에서 크고 작은 협상을 늘 하고 살아갑니다. 우리 아이들도 가끔씩은 저와 협상을 합니다. 용돈에 관한 것과 필요한 물품에 관한 것들이지만 때론 무척 심각한 협상을 요구하기도 합니다.

이렇게 가정사에서 뿐만이 아니고 사회적으로 국제적으로 수많은 협상들이 이루어집니다. 그리고 협상의 결과대로 우리의 생활이 더 나아지기도 하고 원하던 것을 취하기도 하지만 협상이 잘 풀리지 못했을 경우에는 손해를 감수해야 하거나 기간이 연장되기도 합니다.

그런데 기본적으로 협상은 더 나아지거나 좋아지거나 개선되기를 바라며 합니다. 후퇴하는 방법이나 퇴보하자는 협상은 결코 협상의 주제가 되지 못합니다.

정작 중요한 협상은 자신과의 협상입니다. 생활 속에서 우리는 자신과 늘 협상을 합니다. 더욱이 꿈을 향해 달려가기로 결심하고 난 후로는 더 많은 협상이 이루어졌을 것입니다. 꿈을 성취하기 위해 어떠한 것은 잠시 뒤로 밀리거나 혹은 무리한 요구를 받아들여야 하기도 했을 것입니다.

그런데 꿈을 성취하려면 자신과의 협상에서 절대로 양보하지 말아야 할 것들이 있습니다. 핑계나 변명의 소리에는 귀 기울이지 말아야 합니다. 또한 미루거나 몸의 안락을 위한 예외, 오늘은 건너뛰자 라는 식의 게으름을 인정하기 시작하면 꿈은 점점 멀어지고 힘이 점점 빠지는 사태가 벌어집니다. 그러니 자신과의 협상은 조금은 냉정해야 합니다.

제 16 주 꿈으로의 흔적

목표활동		
약속 / 만남		
가치상승	독서	
	心(심)	
	身(신)	
일 −		
월 −		
화 −		
수 −		
목 −		
금 −		
토 −		
주간정리		
잊지 말 것		
습관개선		
주간명언		

제 17 주
목표를 설정할 때 성공은 이미 시작된다

목표는 주의를 집중하는 것입니다. 어릴 적 돋보기로 사물을 크게 보거나 햇빛이 드는 곳에 나가 빛을 모아 종이도 태우고 나무에 연기도 피어오르게 한 것이 기억납니다. 목표를 설정하는 것이 바로 돋보기로 초점을 한 곳에 모아 태양의 빛에너지를 열에너지로 바꾸는 것과 같다고 생각합니다.

나의 모든 것을 목표에 집중시키는 과정부터가 꿈으로 나아가기 시작하는 것입니다. 집중하는 순간 내 몸의 모든 감각기관도 성취하려는 힘을 갖게 됩니다. 또한 사람의 뇌는 동시에 두 가지 감정을 가질 수 없기에 꿈을 향한 희망과 하고자 하는 의욕이 두려움이나 불행 등 어두운 면을 몰아내는 효과도 얻을 수 있습니다.

심리학에서는 이를 '대체의 법칙'이라고 합니다. 셰익스피어는 "불행을 치유하는 약, 그것은 희망 이외에는 없다"고도 말했습니다. 그러니 '할 수 없다'라는 생각이나 말은 우리의 힘을 약화시키고 돋보기의 초점을 흐려지게 합니다.

그러므로 부정적인 생각은 꿈을 이루지 못하게 하는 방해꾼입니다. 결코 우리 머릿속을 점령하지 못하도록 해야 합니다. 그러기 위해서는 계속해서 우리의 꿈을 생각하고 기록하고 이룰 수 있다고 말해야 합니다. 돋보기의 초점이 흐려지지 않도록 집중하는 것을 멈추지 않아야 합니다. 목표설정이 이미 꿈으로 가는 발걸음을 내딛은 시작임을 상기하시고 긍정의 몸과 마음을 유지합시다.

제 17 주 꿈으로의 흔적

목표활동		
약속 / 만남		
가치상승	독서	
	心(심)	
	身(신)	
일 −		
월 −		
화 −		
수 −		
목 −		
금 −		
토 −		
주간정리		
잊지 말 것		
습관개선		
주간명언		

다음 칸이 있습니다

한 아저씨가 큰 가방을 들고 1호선 인천행 지하철에 올라탔습니다. 이 아저씨는 가방을 바닥에 놓고 두 손으로 손잡이를 잡고 헛기침을 몇 번 한 뒤 일장 연설을 시작했습니다.

"자, 여러분 안녕하십니까? 제가 여러분 앞에 나선 이유는 가시는 걸음에 좋은 물건 하나 소개시켜 드리고자 이렇게 나섰습니다. 직접 물건을 보여드리겠습니다. 자 플라스틱 머리에 솔이 달려 있습니다. 자 대체 이것이 무엇이겠습니까? 예 칫솔입니다. 이걸 왜 가지고 나왔겠습니까? 물론 팔려고 나왔습니다. 한 개에 200원씩, 다섯 개 묶여 있습니다. 얼마이겠습니까? 1,000원입니다. 뒷면 돌려 보겠습니다. 영어가 적혀 있습니다. 메이드 인 코리아 이게 무슨 뜻이겠습니까? 수출했다는 것입니다. 수출이 잘 됐겠습니까? 폭삭 망했습니다. 그래서 들고 나왔습니다. 자 그럼 여러분에게 한 묶음씩 돌려 보겠습니다."

그리고 아저씨는 칫솔 한 묶음씩 돌렸습니다. 그때까지 사람들은 웃지도 않았습니다. 다 돌린 후 아저씨는 "자 여러분 여기서 제가 몇 묶음이나 팔수 있겠습니까? 여러분도 궁금하십니까? 저는 더 궁금합니다. 잠시 후에 결과를 알려 드리겠습니다." "자 여러분! 칫솔 네 묶음 팔았습니다. 총 매상이 얼마이겠습니까? 예, 칫솔 5개짜리 네 묶음 팔아 겨우 4,000원입니다. 제가 실망했겠습니까? 안 했겠습니까? 물론 실망했습니다. 그렇다고 제가 여기에서 포기하겠습니까? 포기 안 하겠습니까? 예, 절대로 포기하지 않습니다. 저는 다음 칸으로 갑니다."

-인터넷에서

제 18 주 꿈으로의 흔적

목표활동		
약속 / 만남		
가 치 상 승	독서	
	心(심)	
	身(신)	
일 –		
월 –		
화 –		
수 –		
목 –		
금 –		
토 –		
주간정리		
잊지 말 것		
습관개선		
주간명언		

제 19 주
휘파람을 불며

숲에 눈보라가 무섭게 휘몰아치더니, 금세 눈 더미가 산처럼 높이 쌓였습니다.

비버는 눈을 헤치며 강 쪽으로 힘들게 나아가고 있었습니다. 눈 때문에 움직이는 것이 몹시 힘들어, 걸어가는 동안 그는 몹시 짜증이 났습니다.

그때, 자신의 바로 앞에서 똑같이 강으로 가고 있는 수달 녀석을 만났습니다. 녀석은 길 위에서 휘파람을 불며 즐겁게 미끄러지기도 하고 구르기도 하며 신나게 걷고 있었습니다.

"야, 이런 끔찍한 날에 무슨 휘파람이냐?"

짜증이 잔뜩 나서 비버는 냅다 소리를 질렀습니다.

"왜? 너무나도 멋진 날이지 않니?"

수달은 큰 소리로 노래하듯이 말했습니다.

"어제 이래 가장 멋진 날인 걸. 어제도 역시 좋았지만."

비버는 이런 수달이 어이가 없어서 녀석을 깔보며 눈 속을 계속 불평하면서 걸어갔습니다. 비버가 강가로 가는 동안 수달은 계속 즐겁게 미끄럼을 타거나 구르기도 하면서 즐겁게 갔습니다.

그들은 둘 다 강에 도착했습니다.

언젠가 읽은 책에서 본 글입니다. (어느 책이었는지 잘 모르겠습니다)

꿈을 향해 나아가는 일도 이와 비슷합니다. 눈보라치는 어려움이 있을 때 수달을 닮아가는 지혜가 필요하리라 생각됩니다.

제 19 주 꿈으로의 흔적

목표활동		
약속 / 만남		
가치상승	독서	
	心 (심)	
	身 (신)	
일 -		
월 -		
화 -		
수 -		
목 -		
금 -		
토 -		
주간정리		
잊지 말 것		
습관개선		
주간명언		

제 20 주
후원자를 찾자

'백지장도 맞들면 낫다' 는 말이 있습니다. 홀로 성공하는 사람은 찾아보기 힘듭니다. 이미 당신의 주변에는 당신의 힘이 되어주고 이끌어 주는 사람들이 있습니다.

당신의 꿈을 이루어 가기 위해 때로는 전문분야에서 성공한 사람들을 찾을 필요가 있습니다. 그분들은 당신의 꿈을 응원해 줄 수 있는 재능이나 후원을 기꺼이 들어줄 만한 분들입니다. 홀로 서야 할 때도 있지만 도움을 받아야 할 때도 있습니다.

지식이 부족하면 스승을 찾아야 하고 기술이 부족하면 그 분야의 전문가에게 기술을 배워야 합니다. 혼자서 이 세상 모든 일을 다 해내는 것은 아니기에 각 분야에서 필요한 사람들과 만나고 배워야 합니다. 당신의 꿈을 이루기 위한 사람들과의 만남들이 당신을 더욱 성숙하거나 훌륭한 사람으로 인도해 줄 것이기 때문입니다.

때로는 책으로, 강연으로, 세미나로 시간을 투자해야 합니다. 이러한 활동들은 성공으로 향하는 당신의 발걸음을 더욱 가볍게 해줄 뿐 아니라 성공의 시기를 앞당기기도 합니다. 당신이 모델로 삼을 훌륭한 사람들이 당신의 주위에 있습니다.

그리고 당신도 누군가를 후원해 줄 수 있습니다. 사실 후원자들이 더 많이 배우고 연구하며 더 많은 노력을 합니다. 당신이 도움을 받은 것보다 더 많은 것을 나눌 수 있도록 노력해야 합니다. 그러기 위해 당신을 도와주는 후원자를 찾아야 합니다. 그리고 배울 수 있습니다. 당신이 꿈을 이루기를 응원해주는 사람들이 많아지도록 찾아봅시다.

제 20 주 꿈으로의 흔적

목표활동		
약속 / 만남		
가치상승	독서	
	心(심)	
	身(신)	
일 –		
월 –		
화 –		
수 –		
목 –		
금 –		
토 –		
주간정리		
잊지 말 것		
습관개선		
주간명언		

제 21 주
평생교육

당신이 지금의 현실보다는 좀 더 나은 상태로 나아가기를 원하는 사람이라면 가장 먼저 무엇을 해야 할까요? 수많은 도서에서 그리고 우리가 부러워하는 성공한 사람들의 모습에서 우리는 배울 수 있습니다.

성공한 사람들도 태어나면서부터 특별함을 갖추고 있지는 않았습니다. 단지 그들은 자신의 인생을 좀 더 개선시키거나 현실의 상황에 안주하기보다는 자신이 알고 있는 최상의 모습을 동경했습니다. 그리고는 자신의 인생을 변화 속으로 이끌기 위해 땀을 흘리는 용기를 보였습니다. 그리고는 이루기까지 멈추지 않았다는 것입니다. 무척이나 즐겁기만 하지는 않을 것 같은 일을 계속해서 반복하거나, 생각처럼 일이 풀리지 않더라도 중단하지 않고 계속해서 자신의 일을 했다는 것입니다.

때로는 자신의 가까운 사람들조차 이해하지 못할 정도의 집중과, 생활의 어려움을 겪지만 그래도 포기하지 않은 사람들이죠. 정말이지 다행인 것은 이 사람들에게 공통점이 있고 우리는 그것을 배울 수 있고 또 삶에 적용하면 나의 삶도 내가 생각할 수 있는 최상의 상태로 나아갈 수 있다는 것입니다.

자신을 사랑하고, 최대치의 꿈을 그리고, 이 세상의 진리를 배우고, 긍정적으로 생각하며, 용기를 가지며, 성공의 습관으로 무장하기 등 우리가 배워서 익히고 활용하기 가능한 것들입니다.

그러므로 우리가 해야 할 것은 배워야 한다는 것입니다. 언제나 항상 배우려고 해야 한다는 것입니다. 흔히 말하는 공부를 해야 한다는 것입니다. 멈춤 없이 계속해서 공부해야 합니다. 평생을 통해 배우기를 쉬지 말아야 합니다.

제 21 주 **꿈으로의 흔적**

목표활동		
약속 / 만남		
가 치 상 승	독서	
	心(심)	
	身(신)	
일 –		
월 –		
화 –		
수 –		
목 –		
금 –		
토 –		
주간정리		
잊지 말 것		
습관개선		
주간명언		

제 22 주
쿵푸팬더

'평화의 계곡' 에서 아버지의 국수 가게를 돕고 있는 판다, 포. 아버지는 국수의 비법을 알려주어 가업을 잇게 하고 싶지만, 포의 관심사는 오로지 '쿵푸 마스터' . 가게 일은 뒷전으로 하고 쿵푸의 비법이 적힌 용문서의 전수자를 정하는 '무적의 5인방' 대결을 보러 시합장을 찾은 포,

그런데 이게 웬일! 마을의 현인 우그웨이 대사부가 포를 용문서의 전수자로 점지하는 이변이 일어납니다. 무적의 5인방은 물론 시푸 사부 역시 이 사태를 받아들이지 못하는 가운데, 용문서를 노리고 어둠의 감옥에서 탈출한 타이렁이 마을을 습격해오자 그를 막아야 하는 미션이 포에게 떨어지는데….

2008년 아이들과 즐겁게 감상했던 가족만화영화입니다. 주인공인 포가 쿵푸마스터로 거듭나기 위해서는 시푸 사부의 탁월한 맞춤형 교육이 필요했습니다. 그러나 시푸 사부는 포를 제자로조차 받아들이려고 하지 않았습니다. 포를 절대로 용의 전사로 인정할 수 없었던 시푸와 대사부의 다음 대사는 참으로 많은 생각을 하게 만들었습니다.

"이 나무를 보게. 내 기분대로 아무 때나 꽃피게 하고 제철도 아닌데 열매가 맺게 할 순 없어."

"내 마음대로 되는 것도 있잖아요. 익은 열매가 떨어지게 한다거나 또는 거 뭐냐 씨앗을 어디다 심을까 따위 그런 게 어째서 환상이죠?"

"말은 맞다만, 어떤 수를 써도 복숭아씨는 자라면 복숭아나무야. 사과나 오렌지를 원해도 복숭아만 나지. 자네가 각별한 애정으로 이끌고 훈련시키고 믿어만 주면 가능해."

"하지만요. 무슨 수로 가르치죠? 도와주세요, 대사부님."

"자네가 그를 믿어주면 된다니까. 꼭 약속하게. 믿음을 가지겠다고!"

제 22 주 꿈으로의 흔적

목표활동		
약속 / 만남		
가치상승	독서	
	心 (심)	
	身 (신)	
일 –		
월 –		
화 –		
수 –		
목 –		
금 –		
토 –		
주간정리		
잊지 말 것		
습관개선		
주간명언		

제 23 주
복숭아씨

앞서 언급한 영화의 대사입니다.

"말은 맞다만, 어떤 수를 써도 복숭아씨는 자라면 복숭아나무야. 사과나 오렌지를 원해도 복숭아만 나지. 자네가 각별한 애정으로 이끌고 훈련시키고 믿어만 주면 가능해."

이 땅의 모든 교육자가 이러한 마음으로 가르치고 배우면 좋겠다는 생각을 해봅니다. 여기에서 복숭아씨는 어떤 면에서는 이미 태어나면서 그 존재의 가치가 유전적으로 결정되어 있는 것처럼 보입니다.

교육의 어원에서도 살펴보면 학습자의 타고난 잠재가능성이나 능력을 드러나게 하여 발현되거나 발달되도록 한다는 의미를 가지고 있습니다. 세심하게 살펴보거나 상당한 관심을 기울이기 전에는 어떤 씨인지 잘 모르는 것이 바로 우리의 잠재 능력일 수도 있다는 말도 됩니다.

그리하여 일찍이 선현은 말씀하셨나 봅니다.

"너 자신을 알라" 고 말입니다.

당신은 무슨 씨입니까? 복숭아씨라면 잘 자라서 맛좋은 복숭아로 열매를 맺어야 하겠죠. 아무튼 자신의 존재가치를 찾는 일은 매우 중요한 일입니다. 자기정체를 바로 알아야 인생이 즐겁습니다. 마음의 소리에 귀를 기울여 봅시다. 그래서 자신을 가장 잘 아는 자신과의 시간이 필요한 것입니다.

제 23 주 꿈으로의 흔적

목표활동		
약속/만남		
가치상승	독서	
	心(심)	
	身(신)	
일 -		
월 -		
화 -		
수 -		
목 -		
금 -		
토 -		
주간정리		
잊지 말 것		
습관개선		
주간명언		

제 24 주
타임머신

저는 군 복무시절 타임머신에 한동안 심취해 있었던 적이 있었습니다. 과거로 타임머신을 타고 가서 나의 조상들도 만나보고 인류가 어떻게 시작되었는지 무척이나 궁금했기 때문에 그런 공상에 빠지곤 했습니다.

지금은 과거로의 여행도 좋지만 미래로 가는 타임머신에 빠져 있답니다. 5년 후, 10년 후, 20년 후의 나의 모습을 미리 가 보는 것입니다. 그리고 상상의 나래를 펴는 것으로 그치지 않고 현실에서 나의 미래를 기록하는 것입니다. 이것이 우리가 흔히 접하게 되는 목표나 꿈, 목적지에 관한 것입니다.

미래로 떠나봅시다. 그리고 그곳에 있는 나를 만나는 것입니다. 그것이 바로 오늘 내가 해야 할 일을 만들어 주고, 무엇인가를 연구하게 만들고, 누군가를 만나게 만들고, 어딘가를 가게 만들어 주는 원동력이 되어줍니다.

아침이든 저녁이든 매일 일정한 시간을 정해서 타임머신을 가동합시다. 어느 날은 다음 주의 나를 만나기도 하고, 어느 날은 다음 달의 나를 만나기도 하고, 어느 때는 40년 후의 나를 만나기도 합니다.

처음에는 과거나 미래의 나를 만나는 일이 조금은 어색하거나 이상할지도 모릅니다. 그러나 자주 만나보면 그렇게 좋을 수가 없습니다. 더욱이 힘든 하루를 보냈다거나 곤경에 처해 있을 때 미래의 나는 나를 너무나 포근하게 감싸 안아주면서 나를 독려해주고 힘을 줍니다. '조금만 더 참아봐 금방 그 답답한 터널의 끝이야.' 라고 말해주면서 말입니다.

제 24 주 꿈으로의 흔적

목표활동		
약속 / 만남		
가치상승	독서	
	心 (심)	
	身 (신)	
일 -		
월 -		
화 -		
수 -		
목 -		
금 -		
토 -		
주간정리		
잊지 말 것		
습관개선		
주간명언		

제 25주
공부해서 남 줘라 1

우리는 주위에서 '공부해서 남주냐?' 하는 말을 많이 듣습니다. 저도 부모님에게 귀에 딱지가 앉도록 이 말을 들으면서 학창시절을 지냈던 기억이 새롭습니다. 배운 것을 누가 가져가지도 잃어버리지도 않는다는 의미로 말씀하시는 것이죠.

매일 노는 것에 정신이 팔려 학교에서조차 가능한 데로 딴 짓하고 꾀를 부렸던 지난 시절을 돌아봅니다. 지금은 저도 자녀를 둔 부모의 입장이 되어서 아이들에게 공부하라는 말을 참으로 열심히 하면서 삽니다.

그런데 공부란 무엇을 의미하는 것일까요? 사전에 보면 공부(工夫), '학문(學問)이나 기술(技術)을 배우고 익히는 것' 이라고 정의하고 있습니다.

원래 공부란 운동을 가리키는 말이었지요. 중국에서 나온 십팔기라고도 하는 쿵푸를 우리식 발음으로는 공부라고 합니다. 그러니까 원래 '공부한다.' 는 말은 '무술을 연마한다.' 는 말이었습니다.

쿵푸란 말은 운동에만 국한되는 말은 아닙니다. 가령 식당에서 양파를 써는 사람이 가히 경지에 올라간 칼질 솜씨를 가지고 있다면 그도 쿵푸가 된 사람입니다. 다시 말해 어느 분야이건 자신이 하는 각양각색의 분야에서 달인의 경지에 오른 모든 사람에게 쿵푸라고 말한답니다.

공부의 진정한 가치는 얼마나 많은 지식을 배웠느냐에 있는 것이 아니라, 배운 지식과 지혜로 얼마나 많은 사람들에게 좋은 영향을 미쳤는가에 있지 않을까 생각합니다.

제 25 주 꿈으로의 흔적

목표활동		
약속 / 만남		
가치상승	독서	
	心 (심)	
	身 (신)	
일 -		
월 -		
화 -		
수 -		
목 -		
금 -		
토 -		
주간정리		
잊지 말 것		
습관개선		
주간명언		

제 26 주
공부해서 남 줘라 2

당신에게 공부는 무엇을 의미합니까?

제가 해석하는 工夫(공부)는 한자를 그대로 풀이한 것입니다. 장인 工(공)에 지아비 夫(부).

아버지가 된다는 것을 자신의 인생에 책임을 지는 사람으로 해석하고 장인이란 삶의 수단이나 기술을 의미하는 것으로 공부란 자신의 인생을 책임질 재능이나 잠재력을 발현하는 것이라고 생각합니다. 자신의 인생을 책임지기 위해 해야 할 일을 하는 모든 활동을 공부라고 생각한다는 것입니다. 그러니 제 입장에서 공부란 인생을 의미하기도 합니다.

너무 확대해석을 했는지도 모르겠습니다만, 아주 간단하게 말하자면 '생활의 달인' 이 되는 것을 공부라고 표현하고 싶습니다. 어느 분야이건 각 분야에 달인이 있습니다. 이 달인들이 공부가 된 분들입니다. 달인이 되기 위해서는 배우고 연구하고 반복하여 자신만의 경지에 오른 분들입니다. 많은 시간동안 땀 흘리고 꾸준하게 자신의 자리에서 부단히 노력해서 결국 달인의 자리에 올라선 그들은 자신뿐 아니라 다른 많은 사람들에게 자신의 재능으로 도움을 줍니다.

결국 공부해서 남 주는 것입니다. 공부는 자신이 가야 할 길을 발견하는 것입니다. 그래서 공부를 잘한다는 것은 자신의 가치를 최대한 발휘해서 여러 사람들에게 좋은 영향을 주는 아름다운 사람이 되는 것입니다. 그러니 열심히 공부합시다.

제 26 주 꿈으로의 흔적

목표활동		
약속 / 만남		
가치상승	독서	
	心(심)	
	身(신)	
일 –		
월 –		
화 –		
수 –		
목 –		
금 –		
토 –		
주간정리		
잊지 말 것		
습관개선		
주간명언		

제 27 주
글로벌 마인드

우리는 현재 지식·정보화 사회로서 국경을 초월한 무한 경쟁 속에서 세계 속의 자랑스러운 대한민국이 되기 위해 글로벌 인재육성을 강조하고 있습니다. 진정한 글로벌 시대의 리더로 살아가야 하는 위치에 있다는 것을 생각하고 연구하는 것이 바로 글로벌 마인드라고 생각합니다.

우리들의 할아버지 시대에는 그야말로 자신이 태어난 장소에서 5킬로미터 반경 내에서 전 생애를 살아가신 분들이 많이 계십니다. 이 말은 의식주가 반경 5킬로미터 내에서 모두 해결되었다는 것을 의미합니다.

우리들의 할아버지가 비바람을 피하고 식솔들과 희로애락을 느끼며 살았던 초가와 기왓장들은 거의 반만년을 견디어온 우리 민족의 주거공간이었지만 이제는 두메산골 시골에나 가야 겨우 만날 수 있을 정도이니 우리나라에 얼마만큼의 큰 변화가 있었는지 알 수 있을 것입니다.

현대에는 의식주의 거의 모든 것들이 전 세계 230여개 국가의 국경을 넘어 연계되어 있는 세상에서 살고 있다는 것을 생각하는 것이 바로 글로벌이고 이러한 세상 속에서 나의 자리를 정하는 것이 글로벌 마인드가 아닌가 생각해 봅니다. 당신의 자리는 어디인지 생각해 보시기 바랍니다.

제 27 주 꿈으로의 흔적

목표활동		
약속 / 만남		
가치상승	독서	
	心(심)	
	身(신)	
일 -		
월 -		
화 -		
수 -		
목 -		
금 -		
토 -		
주간정리		
잊지 말 것		
습관개선		
주간명언		

제 28 주
지금 행복하기

당신이 지금 어떠한 상황과 처지에 있든지 간에 당신의 생각을 조금만 바꾼다면 지금 당장이라도 행복할 수 있습니다. 바로 만족(滿足)하는 것입니다.

지금 갖추고 있는 모든 것을 헤아려 보세요. 그리고 그것에 감사한 마음을 가질 수 있다면 당신은 행복한 사람이 될 수 있을 것입니다. 자족하는 것도 일종의 노력이 필요합니다.

저는 늘 밥상을 대하면서 이렇게 생각합니다. 조선시대 임금보다 내가 더 잘 먹는구나 하고 말입니다. 물론 그뿐 아니라 의복이나 사는 집도 그렇고 임금님은 구경하지도 못했던 좋은 가마를 타고 다니는 내가 얼마나 좋은 시대에 사는지 황홀할 지경입니다.

임금님으로 표현을 해서 그렇지 겨우 100년 전만 하더라도 지금의 우리 사회 모습은 상상도 못했을 것입니다. 그러니 얼마나 행운이며 감사할 일입니까? 그러니 전 언제나 행복합니다.

또한 더 나은 내일이 기다리고 있으니 더욱 행복하기만 합니다. 현재의 상황을 남들과 비교하면 저의 행복은 조금 멀리 달아나기에 저는 언젠가부터 이전 시대의 상황과 비교하는 버릇이 생겼습니다. 그분들이 지금의 사회를 경험하게 된다면 기절하실 만큼 놀라지 않을까 상상해 봅니다.

당신도 무언가 자신만의 행복할 수 있는 방법을 만들어 보기를 권합니다. 매일의 일상이 행복하지 않다면 언제 행복할 수 있겠습니까? 그러니 일상에서의 행복을 찾도록 노력합시다.

제 28 주 꿈으로의 흔적 ▪▪▪▪

목표활동		
약속 / 만남		
가 치 상 승	독서	
	心(심)	
	身(신)	
일 -		
월 -		
화 -		
수 -		
목 -		
금 -		
토 -		
주간정리		
잊지 말 것		
습관개선		
주간명언		

제 29 주
익숙해서 편한 것으로

생활 속 그 어느 하나라도 반복을 거치지 않고 익숙하여 내 몸에 자연스러운 것이 있는지 생각해 보십시오. 당신이 매일 입고 벗는 양말 한 짝도 어려서 처음 내 손으로 시작할 때는 얼마나 대단한 일이었는지를 생각해 보면 매일의 반복이 얼마나 대단한 것인지 새삼 놀라곤 합니다.

책을 읽고 쓸 수 있다는 것은 말할 것도 없거니와 삶속에서 무엇인가를 새롭게 알게 되는 일은 그래서 반복이 항상 필요합니다. 새로운 전자제품을 구입하여도 그것이 익숙해질 때까지 반복해서 사용해 보아야 합니다.

이렇게 반복이 주는 재미없을 것 같은 노력이 익숙해지면 참으로 편하게 됩니다. 반복이 주는 매력은 나의 능력을 자라게 하는 매우 귀중한 것입니다. 끊임없는 반복은 달인의 경지로 만들기도 하며 인생을 바꾸기도 합니다. 바로 이것이 공부입니다.

그러나 잊지는 말아야 합니다. 시간이 필요하다는 사실을 말이죠. 겨우 몇 번의 반복으로 할 수 있는 일도 있지만 아주 긴 시간을 두고 반복을 게을리하지 말아야 할 반복도 있으며 우리가 값지게 여기는 것이야말로 더 많은 반복과 연습이 필요하다는 사실을 말입니다. 그래도 익숙해서 편한 것으로의 노력은 계속 되어야 합니다.

제 29 주 꿈으로의 흔적

목표활동		
약속 / 만남		
가치상승	독서	
	心(심)	
	身(신)	
일 –		
월 –		
화 –		
수 –		
목 –		
금 –		
토 –		
주간정리		
잊지 말 것		
습관개선		
주간명언		

제 30 주
다시 태어나도 해야 할 일

당신이 스스로 세운 인생의 목표는 다시 태어나도 하고 싶은 그런 일이어야 합니다. 그러니 대단히 중요하고 신중하게 결정을 내려야 하는 것입니다.

만일 즉흥적이거나 대충 주변 환경에 맞추어 그냥 하는 일이라면 결코 즐겁거나 행복한 인생을 만들기 쉽지 않을 것이기 때문입니다. 그러니 당신은 목표설정에 매우 신중하고 혼자 결정하기 쉽지 않다면 누군가의 도움을 받아서라도 자신의 일을 찾아야 합니다.

전혀 보수가 없는 일일지라도 그것을 당신이 좋아하며 일생을 걸고 해야 하는 그런 일을 찾아야 하는 것입니다. 선현들은 말해왔습니다. 인생은 마라톤이라고 말입니다. 결코 가벼이 여길 일이 아닌 것을 강조하지 않더라도 알고 있을 것입니다. 혼신을 바쳐 해야 할 그러한 일이 분명 있습니다. 아마도 당신이 존재하는 이유가 그 일 때문일지도 모릅니다.

꿈의 일을 찾는 일은 그래서 매우 중차대한 일입니다. 지금 그 일을 하고 있지 않다면 매우 신중하게 고민해야 합니다. 당신의 멋진 인생 대부분이 그 일을 통해서 이루어질 것이 분명하기에 말입니다.

제 30 주 꿈으로의 흔적

목표활동		
약속 / 만남		
가치상승	독서	
	心 (심)	
	身 (신)	
일 -		
월 -		
화 -		
수 -		
목 -		
금 -		
토 -		
주간정리		
잊지 말 것		
습관개선		
주간명언		

제 31 주
선택하고 시작하고 지속하자

살아가기 위해 필요한 것을 간결하게 표현하자면 선택과 시작, 그리고 지속입니다. 이렇게 하다보면 우리는 삶을 이루어갑니다. 무엇하나 쉽지는 않습니다. 우리 앞길에 너무나 많은 길들이 있기 때문입니다.

준비가 많이 되어 있는 사람이라면 조금 수월할 것이지만 아무 준비도 되어 있지 못하면 선택하기조차 힘들 것입니다. 그래서 위 세 가지를 실천하기에 앞서 준비를 해야 하는데 바로, 그 시기가 교육을 통하여 배우는 시기에 이루어집니다.

초등교육에 이어 중등, 고등교육을 거치면서 선택하기 위한 준비를 하는 것입니다. 인생에서 준비기간이 반드시 정규교육으로만 이루어지는 것은 아니지만 오늘날 이 시대는 거의 누구나가 교육을 통한 준비기간을 가집니다.

단 그 준비기간 안에서 얼마나 충실하게 자신을 발견하느냐의 차이에 따라서 선택의 자유를 누리는 사람과 그저 상식적인 수준에서 자신의 의지와는 관계없는 선택을 하기도 합니다. 그러니 정말 소중하고 보람 있는 학창시절이어야 합니다.

자신의 인생선택을 어느 시기에 하느냐에 따라 삶의 모습이 달라지는 것입니다. 물론 시행착오와 실패를 반복하여 더 크게 빛나는 인생을 사는 사람도 더러 있습니다. 하지만 어떻게든 되겠지라는 마음으로 순간순간을 넘기며 살아간다면 그리 만족한 인생이 되지는 않을 것입니다.

그러니 무엇 하나 쉽지 않은 것입니다. 우리 사는 인생이 말입니다. 그렇지만 나 혼자만 힘들고 어렵다면 정말 고통스러울지도 모르지만 누구나 다 그렇기에 우린 힘을 얻습니다. 또한 그렇기에 우린 누군가 부러워하는지도 모릅니다.

제 31 주 꿈으로의 흔적 

목표활동		
약속 / 만남		
가치상승	독서	
	心 (심)	
	身 (신)	
일 –		
월 –		
화 –		
수 –		
목 –		
금 –		
토 –		
주간정리		
잊지 말 것		
습관개선		
주간명언		

제 32 주
젊어 고생은

　이 세상 그 어디에도 공짜는 없다는 평범한 진리를 알고 있습니다. 공짜가 없다면 아무것도 얻으려 하지 않는 이에겐 별로 관심 가는 말이 아닐 것입니다. 그러나 좋은 집에서 맛있는 음식과 근사한 웃을 입고 살고 싶다면, 해외여행을 하고 남들이 부러워하는 고급차를 몰고 멋진 사람들과 어울리고 싶다면 이 평범한 진리에 관심을 가져야 합니다. 이러한 것들이 그저 바람으로 끝나는 것이 아니라 삶이 끝나기 전에 반드시 현실이 되기를 원한다면 여러분은 그렇게 될 수 있습니다.

　당신이 원하는 그 무엇이라도 될 수 있고 할 수 있으며 소유할 수 있습니다. 그만한 대가를 지불하기만 하면 모든 것을 갖출 수 있기 때문입니다. 그런데 젊어 고생은 미리 지불하는 것입니다. 외상이나 빚이 아닌 현금지급으로 물건을 사는 것입니다. 다음 달부터 이자를 부담하지 않아도 맘 편하게 내가 사용할 수 있다는 말이죠.

　이것이 제가 알고 있는 이 세상의 진리입니다. 미리 지불하면 내가 원하는 것을 고를 수가 있습니다. 세상이 좋아져서 신용으로, 나중에 갚으면 된다는 방법이 오늘날 많은 사람들에게 빚이라는 것을 선물로 안겨주고 있다는 것은 아주 심각하게 생각해야 할 부분입니다.

　신용은 이미 충분히 소유하고 있는 사람들의 몫입니다. 이미 준비되어 있는 사람들의 것이란 걸 잘 알고 있는 사람이라면, 나를 잘 살펴보아야 하지 않을까요. 나는 준비되어 있지 않은데 미리 무엇인가를 소유하는 것이 무조건 바람직하지 않다는 것은 아니지만 그로 인해-나중에 대가 치르기- 진정 필요할 때 더 이상의 미리 받기가 불가하다면 낭패가 아닐 수 없는 것입니다. 그래서 미리 지불하기는 정말 중요합니다. 학생들의 교육도 마찬가지 입니다. 평상시에 열심히 대가를 미리 지불하기 위해 노력하여 땀 흘리면 시험이 즐겁습니다.

제 32 주 꿈으로의 흔적

목표활동		
약속 / 만남		
가치상승	독서	
	心(심)	
	身(신)	
일 -		
월 -		
화 -		
수 -		
목 -		
금 -		
토 -		
주간정리		
잊지 말 것		
습관개선		
주간명언		

제 33 주
현명한 소비자

우리는 지금 물질만능 시대에 살고 있지만 앞으로도 더 많은 편리한 것들이 등장하기를 바라고 있습니다. 그렇지만 내가 편하다는 것은 그만큼 치러야 할 대가도 많아진다는 것을 의미합니다.

과학문명이 이룩한 눈부신 업적은 우리들을 더 많은 시간 일하도록 만들었습니다. 그리고 예전에는 없던 상대적 빈곤감을 우리에게 만들어주었습니다. 사람들은 더욱 편리하고 시간을 단축시켜 준다는 제품을 구입하기 위하여 더 바빠지고 오히려 시간은 더욱 없는 듯 보입니다.

눈높이를 조금씩만 낮추어 자신의 경제적 상황을 고려하여 신중하게 물건을 선택해야만 합니다. 몸과 마음이 모두 편하려면 조금의 인내가 필요합니다. 최신제품이 나오면 무조건 구입하고 싶어 하도록 만드는 광고에 너무 민감한 반응을 보이지 않도록 소비계획이 꼭 필요합니다. 편한 것을 취하기 위해 치러야 하는 대가가 과연 적절한지 고민하는 시간이 필요합니다.

당신의 주변에 있는 물건들을 살펴보세요. 구입해서 몇 번 사용하지도 않는 물건들이 창고에 여기 저기 놓여 있다면 충동적인 소비자로서 기업에서는 좋아하겠지만 당신의 가계생활에는 전혀 도움이 되지 않았을 것입니다.

지혜로운 소비생활은 정말 편한 것을 추구하는 지름길임을 잊지 말아야 합니다. 그리고 너무 편리한 것을 좋아하기보다는 부지런히 움직이고 활동하는 것에 익숙해지는 편이 꿈을 이루기에 더 좋은 것을 잊지 마세요. 몸이 너무 편해지면 게으름이 우리를 찾아옵니다.

제 33 주 꿈으로의 흔적

목표활동		
약속 / 만남		
가치상승	독서	
	心(심)	
	身(신)	
일 -		
월 -		
화 -		
수 -		
목 -		
금 -		
토 -		
주간정리		
잊지 말 것		
습관개선		
주간명언		

제 34 주
하고 싶다, 할 수 있다, 하면 된다

하고 싶은 것의 작은 마음의 불씨가 점점 커져 할 수 있다는 결심에 이르면 이제 하면 된다는 자신감이 자랍니다. 그러니 못해낼 것은 없습니다. 자주 위의 구호를 마음에 담아 입으로 말하고 글로 표현하시고 자신의 것으로 만드세요.

이러한 과정이 조금 느린 사람도 있고 빠른 사람도 있겠지만 그것은 순전히 당신의 마음먹기에 따라서 달라집니다. 하고 싶다는 생각과 동시에 하면 된다는 자신감이 생기고 이 자신감을 토대로 실행했던 사람들에 의해 지금의 문명이 만들어졌습니다. 지금도 누군가는 자신의 삶을 계속해서 변화시키고 있습니다. 바로 꿈으로 향하는 당신이 그 주인공이며 이 흔적이 그것을 증명하고 있습니다.

하면 된다는 정신에는 충만한 자신감과 용기가 포함되어 있습니다. 자신감은 경험에서 나옵니다. 무엇인가를 성취한 경험은 자신감을 더욱 강화시켜 줍니다. 그러니 당신은 더 많은 시도를 통해서 꿈의 달성을 계속 경험하는 것이 중요합니다. 그러다 보면 몇 번 하다가 포기하는 일은 없을 것입니다. 당신은 아직 시도해보지 않은 다양한 방법들을 찾을 것이고 반드시 해내고야 말겠다는 의지도 생길 것이기 때문입니다.

또한 하고 싶다는 열망의 크기가 간절하면 할수록 더 많은 시도를 하게 됩니다. 성공의 자물쇠를 열기 위해 당신은 백 개의 열쇠를 쥐고 있다고 생각하십시오. 그 중 한 개의 맞는 열쇠가 있습니다. 많은 사람들이 포기하는 이유 중 하나가 이렇게 많은 열쇠 중 어느 것이 맞는지 모르겠다고 그만 두거나 시도조차 하지 않기 때문입니다. 백 개가 많다고 생각하지 마세요. 백 개 중에 해답이 있다는 사실이 중요합니다.

제 34 주 꿈으로의 흔적

목표활동		
약속 / 만남		
가치상승	독서	
	心(심)	
	身(신)	
일 –		
월 –		
화 –		
수 –		
목 –		
금 –		
토 –		
주간정리		
잊지 말 것		
습관개선		
주간명언		

제 35 주
콩 심어야

　당신도 알고 있는 불변의 진리가 바로 ‘콩 심은데 콩 난다’ 라는 것입니다. 콩을 심어 놓고 팥이 열리기를 바라는 사람이 없듯이 심지도 않고 거두는 것은 더욱 어리석은 일인 것쯤은 더 분명할 것입니다.

　‘뿌린 대로 거둔다’ 는 우리 선현의 말씀은 원인이 있어야 결과도 있다는 평범한 진리를 말하고 있습니다. 오늘 자신의 모습은 어제까지 뿌리고 가꾼 모습의 결과임이 틀림없습니다. 그리고 오늘 콩을 심어야 내일 콩을 기대할 수 있는 것은 당연한 일입니다. 흔적은 이러한 과정의 당신의 모습을 담아가고 있는 것입니다.

　인과법칙은 동서고금을 막론하고 언제 어디서나 적용되는 법칙 중 하나입니다. 심지 않고도 얻기를 바라고 콩을 심고는 엉뚱한 것을 기대하는 요상한 사람들 때문에 오히려 당신이 심은 열매가 더 가치 있는지도 모릅니다. 욕심, 게으름, 무기력 등으로 무장을 하고 성공하기를 바라는 것은 그저 공짜를 바라는 심보와 같습니다.

　그러나 이 세상에 공짜는 없습니다. 노력의 땀과 수고가 없이는 거둘 것이 없다는 것은 더욱 극명한 진리입니다. 저는 아이들에게 용돈을 주면서도 늘 다짐하듯 말합니다. ‘이거 공짜 아니다’ 라고 결국 ‘대가’ 를 치러야 한다는 것을 강조합니다. 오늘도 열심히 심고 가꾸는 당신의 수고를 응원합니다.

제 35 주 꿈으로의 흔적

목표활동		
약속 / 만남		
가치상승	독서	
	心(심)	
	身(신)	
일 -		
월 -		
화 -		
수 -		
목 -		
금 -		
토 -		
주간정리		
잊지 말 것		
습관개선		
주간명언		

제 36 주
즐겁게 생활하면

'사람은 누구나 즐거운 상태가 되면 그 기쁨은 단순히 고단한 일상을 견디게 하는 정도가 아니라 활기차게 살도록 해주며 행복하다는 느낌을 줍니다. 이 상태에서는 창의적 사고와 지각력, 정보처리 능력이 향상되고 신체 기능도 좋아집니다. 이 상태에서 일을 하면 훨씬 더 빠르게 일을 처리할 뿐만 아니라 결과물도 더 우수해집니다.' 라고 서던 캘리포니아 대학 신경외과 교수인 안토니오 다마시오 교수가 말했습니다.

전적으로 동의하는 바입니다. 즐거운 상태에 이르는 이유를 설명하지는 않았지만 우리 스스로 즐거움을 만들면 이루고자 하는 꿈도 더욱 멋지게 달성할 것이라고 생각합니다. 내가 하는 일이 힘들고 괴롭지만 자신이나 가족들의 삶을 위해 희생하는 것으로 여기고 참으면서 하는 일이라면 평생 당신의 일생이 행복할 수는 없을 것입니다. 그러면서 남들도 모두 비슷하게 살아간다는 위안으로 자신을 다독이면서 힘겹게 살아가는 것이라면 일에 대한 성취도 만족도 얻기 어려울 것입니다.

분명한 것은 즐겁게 일하는 사람들이 성공한다는 것입니다. 누가 알아주지 않더라도 그가 이 세상에서 해야 하는 일을 찾은 사람입니다. 할 수 있는 일을 하는 것과 해야 하는 일을 하는 사람은 분명히 다릅니다.

일의 성과에서, 보이지 않는 그의 마음까지 커다란 차이가 납니다. 자신의 일을 천직으로 알고 감사하는 마음으로 즐겁게 일하는 사람들의 모습은 누구도 그들에게 손가락질할 틈을 주지 못합니다. 그들은 그 일을 통해 힘들고 어렵고 괴롭다는 말 대신 행복과 즐거움과 만족감을 이야기합니다.

같은 일을 하지만 그 일상을 들여다보면 매사에 불평이 있는 사람과 즐거움으로 미소를 지으며 일하는 사람이 있다는 것입니다.

제 36 주 꿈으로의 흔적 ■ ■ ■ ■

목표활동		
약속 / 만남		
가치상승	독서	
	心(심)	
	身(신)	
일 -		
월 -		
화 -		
수 -		
목 -		
금 -		
토 -		
주간정리		
잊지 말 것		
습관개선		
주간명언		

제 37 주
100% 인생 실패

동기부여 전문가인 커미트 루엑이 말하는 100%로 실패하는 인생을 살펴보며 다음과 같습니다.

1. 오늘 할 일을 내일로 미루기

2. 의사소통을 불분명하게 하기

3. 장점보다는 단점을 이야기하기

4.. 일을 대충하기

5. 목표가 없는 나그네가 되기

6. 소극적인 사람이 되기

7. 스스로 과소평가하기

8. 늘 걱정하는 습관을 들이기

9. 일을 억지로 한다고 생가하기

10. 인생을 대충대충 살기

역으로 설명하며 자신의 생활을 돌아보게 만드는 내용입니다. 진지하게 다시 한 번 내용을 검토하시고 실패하는 인생이 되지 맙시다.

제 37 주 꿈으로의 흔적

목표활동		
약속 / 만남		
가치상승	독서	
	心(심)	
	身(신)	
일 –		
월 –		
화 –		
수 –		
목 –		
금 –		
토 –		
주간정리		
잊지 말 것		
습관개선		
주간명언		

제 38 주
새 신발

쇼핑센터에 가지런히 진열되어 있는 신발들을 보면 참으로 멋스럽기도 하고 신어보고 싶기도 하고 왠지 신으면 더 근사해 보일 것도 같습니다. 그렇다고 신발을 계속 살 수는 없지만 필요해서 신발을 구입한 후에 새 신발을 처음 신었을 때는 정말 기분이 좋아 길을 걸으면 평상시와 다르게 자꾸만 시선이 신발로 향합니다.

어린 시절 고무신만 신다가 처음 운동화를 받아 들었을 때는 정말이지 얼마나 좋아했는지 모릅니다. 유명 상표의 운동화도 아니었지만 그래도 너무나 기뻐서 이불속으로 가져가 밤새 꼭 끌어안고 잠을 잤던 기억이 새롭습니다. 그러나 막상 새 운동화를 신고 학교에 갈 때는 기쁨은 잠시고 점점 뒤꿈치가 아파옵니다. 심지어는 허물이 벗겨지는 괴로움을 참아야 했으며 발은 아팠지만 아이들이 보라고 일부러 뛰어다니곤 했습니다.

몇 번이나 허물이 벗겨지고 드디어 굳은살이 박이고 나서야 내 발에 잘 맞는 신발이 되었습니다. 그래서 나의 발에 잘 어울리기도 하지만 나의 활동에 불편함을 주는 것이 아니라 더욱 효율적으로 움직이도록 편한 신발이 되는 것입니다.

요즈음 나오는 신발은 예전처럼 딱딱하지 않아서 허물이 벗겨지는 것을 인내해야 하는 정도는 아니지만, 익숙해서 편해지기까지는 조금의 불편함을 감수해야 할 것입니다. 남 보기 좋으라고 하는 것이 아니라 스스로를 위해서 말입니다.

흔적을 통해 꿈을 이루는 과정도 이와 비슷합니다. 새로운 습관으로의 정착이나 변화는 설렘과 동시에 조금은 불편함을 감수해야 하는 일입니다. 꿈을 향해 인내하는 당신에게 박수를 보내드립니다.

제 38 주 꿈으로의 흔적

목표활동		
약속 / 만남		
가치상승	독서	
	心(심)	
	身(신)	
일 –		
월 –		
화 –		
수 –		
목 –		
금 –		
토 –		
주간정리		
잊지 말 것		
습관개선		
주간명언		

제 39 주
목표달성과 생활과의 갈등

꿈을 실현시키기 위한 계획들을 성취하려면 생활 속에서 변화가 일어나게 됩니다. 이전의 익숙했던 편안함이 무너지는 과정이 생기게 됩니다. 잠을 줄이던지 시간을 더 투자하여 새로운 무엇인가를 당신의 생활 속으로 받아들여야 하기 때문이죠.

그러면 마음에 갈등이 생깁니다. 그리고 생활 속에서 무엇을 먼저 수행해야 할지 고민이 생깁니다. 시작하지 않았다면 발생하지 않았을 일들이 생기는 것입니다.

이럴 때는 우선순위를 정해야 합니다. '내 인생에서 제일 우선에 두어야 하는 것은 무엇인가? 그리고 그 중에서 가장 소중하게 여기는 것은 어떤 것인가?' 에 답하는 것입니다. 당신의 인생에서 가장 가치 있는 것을 찾는 일입니다.

우리는 우선순위를 정한 일일업무 리스트를 갖는 게 필요합니다. 하루에 10~15분을 투자하여 당신이 일일계획을 세울 수만 있다면 당신 인생의 생산성은 무척 향상될 것입니다. 이렇게 되면 조금씩 행동을 개선해 가는 것이 가능하고 또 그렇게 할 수 있다면 우리는 목표에 도달할 것입니다.

그리고 매일, 매주 생활을 돌아보며 변화로 얻어진 결과물들은 점검하고 피드백을 해야 합니다. 그러면서 우선순위도 수정 보완해 가며 생활 속의 갈등을 해소해 나가야 합니다. 이러한 변화들이 성공적인 인생으로 향하는 모습이며 조금씩의 차이이기는 하지만 매일의 이러한 변화 자체가 바로 당신의 성공적인 목표수행의 과정입니다.

제 39 주 꿈으로의 흔적

목표활동		
약속 / 만남		
가치상승	독서	
	心 (심)	
	身 (신)	
일 –		
월 –		
화 –		
수 –		
목 –		
금 –		
토 –		
주간정리		
잊지 말 것		
습관개선		
주간명언		

제 40 주
상상의 힘

'볼 수 없는 과녁은 맞출 수 없다' 라는 말이 있습니다. 당신이 아침에 일어나 옷을 갈아입고 잘 손질된 신발을 신고 문을 나선다는 의미는 목적지가 있다는 말이 됩니다.

우리는 대개의 경우 목적지 없이 어딘가로 향하지 않습니다. 목적지가 있어야 준비하고 출발이 가능하다는 말이 됩니다. 보이지 않거나 본 적이 없거나 가보지 못한 곳으로 가려고 하는 것이 바로 우리가 준비하여 계획한 꿈을 향한 길인 것입니다.

아직은 꿈일 뿐 아직 도달하지 못한 것이 꿈입니다. 보이지 않는 목표를 향해 당겨진 화살은 얼마나 불안할까요. 그래서 필요한 것이 상상입니다. 상상은 인류의 문명을 이끌어 왔으며 앞으로도 계속해서 우리들을 이끌어 갈 것입니다.

아직은 성취되지 않았지만 목표를 달성한 나의 모습을 상상하는 것은 보이는 과녁을 만드는 것과 같은 효과를 우리에게 안겨 줍니다. 그리고 상상을 통하여 꿈을 더욱 구체화 할 수도 있습니다. 목표로 정한 여행지를 가기 위해 오늘은 계획된 비용을 모으는 중이지만 상상으로는 이미 여행지에서 감탄하는 나를 만날 수 있습니다.

그리고 이러한 상상은 더 세밀한 준비를 하게 할지도 모릅니다. 이미지화된 꿈은 명확한 방향성을 제시합니다. 방향이 정해지면 집중하게 됩니다. 막연한 목표나 꿈에 상상을 통해 한발 더 가까이 다가가게 된다는 것입니다. 그래서 내일의 나를 미리 만나보는 상상은 오늘 힘을 얻는 좋은 방법 중 하나입니다.

제 40 주 꿈으로의 흔적 

목표활동		
약속 / 만남		
가치상승	독서	
	心(심)	
	身(신)	
일 –		
월 –		
화 –		
수 –		
목 –		
금 –		
토 –		
주간정리		
잊지 말 것		
습관개선		
주간명언		

제 41 주
장애를 통해서

인생이 즐거운 것은 예상한 것보다 더 다양한 일들을 만나기 때문입니다. 꿈의 달성이 계획대로 척척 될 때도 있지만 원하지 않는 상황을 만나기도 하는 것이 인생인 것입니다. 힘에 벅찰 것 같은 절벽이 나올 수도 있으며 깊은 수렁을 만나기도 하고 넘지 못할 것 같은 큰 산이 앞길을 가로 막을지도 모릅니다.

어쩌면 내가 꿈을 계획하지 않았으면 만나지 않았을 장애를 만나는 것인지도 모릅니다. 그러나 당신이 만나는 장애를 과대평가하지 마시길 바랍니다. 오히려 어떤 장애라도 극복할 수 있다고 자신을 과대평가하시길 바랍니다.

예상하지 않더라도 장애는 항상 우리 주변에 있습니다. 그런데 장애는 나의 꿈과 계획을 망치려고 있는 것이 아니라는 사실에 주목해야 합니다. 나를 단련시키고 성장시키기 위해 장애물은 꼭 필요한 것이라고 생각하시기 바랍니다.

장애는 더 많은 방법들을 연구하게 만들어 줍니다. 동시에 자신을 돌아보게 만들기도 하며, 조금 느슨해진 나사를 조이게도 만들고, 계획을 보완하게도 만들고, 녹이 슬거나 고장 난 부분을 고치거나 교체하는 작업을 하도록 합니다.

그래서 문제가 생기거나 장애를 만나거든 속으로 기뻐하세요. 나를 더욱 정진하게 만들어 주고 나를 단련 시켜주는 보약과 같은 역할을 하는 것이니까 말입니다. 더 많은 땀과 노력을 요구하는 신호로 여기며 꿈을 이루기 위한 대가로 지불하는 것이라 생각하면 됩니다.

이 세상 누구라도 실수를 하거나 사고를 유발시킬 수 있습니다. 성공하는 많은 분들은 이 사실에 주목합니다. 장애물을 통과할 때마다 더욱 성장한다는 것을 말입니다.

제 41 주 꿈으로의 흔적

목표활동		
약속 / 만남		
가 치 상 승	독서	
	心(심)	
	身(신)	
일 -		
월 -		
화 -		
수 -		
목 -		
금 -		
토 -		
주간정리		
잊지 말 것		
습관개선		
주간명언		

제 42 주
지식정보화 시대

각종 언론 매체들이 자리하고 있는 현실 속에서 우리는 수많은 정보를 대합니다. 대부분의 정보들이 나와 직접적인 관계가 없다고 하더라도 우리의 일상에 이미 깊이 자리하고 있으며 지식정보화 시대에서 뒤처지지 않으려면 최신의 정보와 지식을 재빠르게 취해야 합니다.

그런데 정작 중요한 것은 매일 쏟아져 나오는 새로운 소식이 정말 나의 생활에 어떠한 변화를 주고 있는지 잘 따져보아야 한다는 것입니다. 신문, 텔레비전, 인터넷 등을 통한 그 많은 정보가 내 삶의 질을 높여주고 있는지, 지식적 정보인지 아니면 그냥 뉴스거리인지 적절하게 걸러야 한다는 말입니다. 매일 아침 일찍 출근해서 겨우 커피 한잔에 신문을 들추는 것으로 시간을 소비하는 것보다는 자신의 경쟁력을 높일 수 있는 전문서적을 보거나 건강을 위한 운동을 하는 것이 더 바람직하다는 것입니다.

자신에게 꼭 필요한 정보들을 취해 경쟁력을 높이고, 자아실현을 위한 세미나에 참석하거나 동영상 강좌 등을 들으며 정보화 시대에 앞서가는 인재로 거듭나야 한다는 것입니다. 스스로의 경쟁력을 키우는 일이야말로 지식정보화 시대에 앞서가는 것이라 생각합니다. 매순간 넘쳐나는 정보의 홍수 속에서 자신의 정체성을 확립하려는 노력이 더 필요한 것은 아닌지 생각해 보아야 합니다.

제 42 주 꿈으로의 흔적

목표활동		
약속 / 만남		
가치상승	독서	
	心(심)	
	身(신)	
일 -		
월 -		
화 -		
수 -		
목 -		
금 -		
토 -		
주간정리		
잊지 말 것		
습관개선		
주간명언		

제 43 주
낙천주의자가 되자

우리가 살아가는 세상과 인생을 희망적으로 밝게 보는 생각이나 성격, 경향을 낙천주의라고 합니다. 낙천주의자나 반대로 비관주의자로 태어나는 사람은 없습니다. 살아가면서 형성이 되는 우리의 태도인 것입니다.

다시 말해서 배우고 훈련하면 낙천주의자가 되어 간다는 것입니다. 당신은 이미 낙천주의자일지도 모릅니다. 대부분 꿈을 이루어 가는 사람들은 긍정적이며 진취적이고 미지의 세계에 도전하며, 시키지 않은 일을 시도하며 가르치지 않아도 배우려고 하는 경향을 보입니다. 왜냐하면 희망적인 사고방식으로 세상을 보기 때문입니다. 자신의 인생을 돌아보면서도 힘이 솟고, 성공적인 순간의 경험을 떠올립니다.

반면에 많은 사람들이 힘이 떨어지고, 실패와 좌절의 늪에 깊숙이 빠진 경험을 회상하며 세상을 희망적으로나 밝게 보려고 하지 않습니다. 인생에 있어서 성공과 실패의 차이는 바로 이것입니다.

그렇다면 어떻게 낙천주의자의 길을 걸을까요? 가장 좋은 방법은 내 주위에서 항상 밝은 미소로 사람들을 대하고 열심히 일하며 배우는 사람들과 가까이 지내는 것입니다. 사람들은 누구나 카멜레온의 기질이 있어서 자주 만나는 사람을 닮아갑니다. 늘 유쾌한 사람과 동행하면 자주 웃게 됩니다. 그러나 불만 가득하고 변명이나 핑계를 늘어놓는 사람과 함께 있다 보면 나도 같이 동참하여 불평을 늘어놓게 됩니다.

이렇듯 당신이 만나는 사람들이 바뀌어 가는 것을 통해서 어렵지 않게 낙천주의자로 변화할 수 있습니다. 또는 당신이 존경하는 사람이나 닮고 싶은 사람을 자신의 모델로 삼아 따라하는 것입니다. 좋은 소식은 우리 주변에 낙천주의자들이 많이 있다는 것입니다.

제 43 주 꿈으로의 흔적

목표활동		
약속 / 만남		
가치상승	독서	
	心(심)	
	身(신)	
일 -		
월 -		
화 -		
수 -		
목 -		
금 -		
토 -		
주간정리		
잊지 말 것		
습관개선		
주간명언		

제 44 주
부질없는 걱정

아무런 걱정이 없다면 행운아일지도 모릅니다. 하지만 세상을 사노라면 걱정거리가 참으로 많이도 있습니다. 그런데 현자들은 말하기를 염려와 걱정은 부질없다고 말합니다. 그렇다고 입산수도를 통해 도인이 될 것이 아니라면 누구나 크고 작은 걱정을 하며 살아가는 것이 보통의 경우입니다.

해결방안은 없을까요? 다음 윈스턴 처칠이 말한 방법을 추천합니다. "고민을 깔끔하게 정리하는 방법은 종이에 적어보는 것입니다. 무수한 걱정거리 가운데 반만이라도 써보면 도움이 됩니다. 여섯 가지를 적는다면 3분의 1은 사라질 것입니다. 나머지 두 가지 정도는 저절로 해결됩니다. 그리고 나머지 한 가지는 어떻게 할 수 있는 것이 아닙니다. 그것을 내가 왜 걱정해야 합니까?" 어떠십니까, 참으로 좋은 해결 방법일 것 같습니다.

당신이 가지고 있는 고민이나 걱정거리들을 적어보는 것만으로도 부질없는 걱정으로 자신을 낭비하지 않게 되어 당신의 삶이 더욱 행복해지고 빛날 것입니다. 걱정 대신에 꿈에 대해 더 깊이 생각하고 감사하며 사랑하는 마음이 가득 차도록 노력하는 것이 도움이 될 것입니다.

제 44 주 꿈으로의 흔적 ■■■

목표활동		
약속 / 만남		
가치상승	독서	
	心(심)	
	身(신)	
일 −		
월 −		
화 −		
수 −		
목 −		
금 −		
토 −		
주간정리		
잊지 말 것		
습관개선		
주간명언		

제 45 주
책이 주는 즐거움

부독서성남 (符讀書城南)

나무가 둥글게도 모나게도 깎이는 것은

목수에게 달려있고 사람이 사람다운 사람이 되는 것은

뱃속에 찬 시와 글들에 달렸네

시와 글은 부지런하면 얻을 수 있고

게으르면 뱃속이 텅 비는 것이라네

배움의 힘을 알고 싶거들랑

현명한 사람과 어리석은 사람도

처음에는 같았다는 걸 알면 되는 걸세

배우지 못해 사람됨이 마침내 달라지네 … (중략)

금이나 구슬이 비록 귀중한 보물이나

너무 비싸 구하기 어렵고

학문은 몸에만 지니어도

그 몸이 넉넉히 쓰고도 남아돈다네 … (중략)

군자와 소인은 부모에 얽매인 신분이 아니라네

사람이 고금의 일에 달통하지 않으면

소나 말에 옷을 입혀 놓은 꼴이라네 …

당나라 시인 한유가 자신의 아들에게 독서를 권하는 시입니다. 굳이 강조하지 않더라도 우리가 아는 많은 것을 책을 통해 배우고 있습니다. 자신의 경쟁력을 높이고 깊은 사색을 하고 경험해 보지 못했던 것을 알려주며 때로는 스승으로 좋은 벗으로 우리와 함께하는 책을 늘 가까이 하시기를 바랍니다. 당신에게 더 근사한 꿈을 제시할지도 모릅니다.

제 45 주 꿈으로의 흔적

목표활동		
약속 / 만남		
가 치 상 승	독서	
	心(심)	
	身(신)	
일 –		
월 –		
화 –		
수 –		
목 –		
금 –		
토 –		
주간정리		
잊지 말 것		
습관개선		
주간명언		

제 46 주
자성 메시지

우리가 습관적으로 사용하는 말을 단순히 바꾸는 것만으로도 우리의 생각과 느낌 심지어는 살아가는 방식도 변화시킬 수 있다고 합니다. 왜냐하면 인간 뇌세포의 98%가 말의 지배를 받는 다고 하니 신중하게 말을 선택해야 합니다.

말의 효과는 입 밖으로 발음해야 한다고 합니다. 그러니 가능한 대로 긍정적인 말을 자주 하는 것은 성공으로 향하는 문을 활짝 열어두는 것과 같은 효과가 있는 것입니다.

스스로에게 자성예언을 통하여 이루고자 하는 바를 마음에 새기고 뇌에 전달하면 뇌는 척수를 지배하고 척수는 행동을 지배하도록 하여 마침내는 그것을 이루도록 한다는 것입니다. 그래서 말하는 대로 이루어진다는 것입니다.

지그문트 프로이드는 3,000번 이상 세뇌하면 의식화가 실현된다고 밝히고 있습니다. 자주 긍정적으로 말하고 뇌로 보내면 우리의 뇌는 마이너스 사고에서 플러스 사고로 전환될 것입니다. 스스로에게 긍정의 메시지를 매일 전해주는 것은 당신의 인생을 변화시킬 것입니다.

다음은 제가 스스로에게 하는 자성메시지입니다. 이 메시지는 매일 반복해서 보고 읽고 합니다. "나는 솔직 담백하고 악의가 없으며 정직하고 정의파에 속한다. 큰소리도 잘치고 행동도 민첩하며 남의 일에 헌신적이다. 나는 운이 매우 강하여 어떤 일도 장밋빛으로 보고 능력 있게 해결한다. 남을 의식하지 않고 나의 본분을 지키며 어떤 상황에도 능숙하게 대처하도록 늘 지혜를 기르며 나의 재능과 능력으로 주위 많은 사람들에게 아름다운 영향을 줄 수 있는 멋지고 근사한 사람이다. 덕분에 건강하며 늘 행복한 사람이다."

당신도 자신에게 전하는 자성의 메시지를 작성하여 매일 마음에 새기기를 바랍니다.

제 46 주 꿈으로의 흔적

목표활동		
약속 / 만남		
가치상승	독서	
	心(심)	
	身(신)	
일 –		
월 –		
화 –		
수 –		
목 –		
금 –		
토 –		
주간정리		
잊지 말 것		
습관개선		
주간명언		

제 47 주
행복 1

우리가 행복하다는 것을 느끼는 것은 어느 순간일까요, 아니면 어떤 사건에서 비롯될까요?

얼마 전에 그래도 저처럼 행복을 느끼고 사는 사람이라고 생각했던 어느 부인과 대화를 했습니다. 그런데 그 부인의 행복이라는 것이 어느 기준이 있다고 하더군요. 그런데 제가 놀란 것은 그 부인의 행복 원인이 딱 세 가지라는 것이었습니다. 결국 그 부인은 자신이 정해놓은 그 세 가지의 것 이외에 나머지 부분에서 오는 것들은 결국 불행이라는 것입니다.

혹시 당신은 어떠십니까? 언제 행복하다고 생각하십니까? 사랑하는 사람이 바라는 그 어떤 것을 이루었을 때 즐겁습니까? 아니면 당신이 꿈꾸고 소망했던 일들이 뜻대로 이루어졌을 때 행복하다고 느끼십니까?

저는 어떤 이벤트 같은 사건들이 발생해야 그것이 행복이라고 느끼는 사람들, 혹은 행복이라는 것이 어디 운 좋은 사람에게 찾아드는 일종의 행운이나 복 같은 것으로 생각하는 사람들에게 조심스럽게 이렇게 말해주고 싶습니다. "이 세상에 좋은 직장이 어디에 있습니까? 좋은 상사나, 좋은 이웃들, 그리고 나를 알아주는 친구들, 나만을 사랑해주는 사람 등 주의를 돌아보세요."

그리고 잠시 생각을 해 봅시다. 나를 정말 좋아해주는 친구들이나 좋은 상사들은 어째서 나를 인정해 주는지를. 분명 아무런 이유 없이 처음부터 나를 인정해주지는 않았을 것입니다. 분명 내가 그들로부터 인정받을 만한 무엇인가를 했기에 그들이 나를 좋아해주는 것 아닐까요?

같은 측면에서 행복이라는 것을 느끼고 살고 싶으시다면 스스로에게 물어 봅시다. 난 어떻게 해야 행복할까? 그리고 그 행복을 위해 무엇이 필요한 것인지를 파악하고 행동하는 것입니다. 그러면 행복해지지 않을까요?

목표활동		
약속 / 만남		
가치상승	독서	
	心(심)	
	身(신)	
일 -		
월 -		
화 -		
수 -		
목 -		
금 -		
토 -		
주간정리		
잊지 말 것		
습관개선		
주간명언		

제 48 주
행복 2

저는 언제인가부터 '난 정말 행복하다' 그리고 이 행복이 끊임없이 샘솟는 것이라는 것을 느끼고는 만나는 모든 사람들에게 "저는 24시간이 행복합니다." 라고 말을 합니다.

때로 그런 생각을 하기도 합니다. 내가 행복하기 때문에 행복하다는 말을 할까? 아니면 행복하다고 말하기 때문에 행복한 걸까? 하고 말이죠. 그런데 어찌 생각해 보니 내가 행복한 원인은 그 둘 다가 아닐까 생각합니다.

어떤 친구들은 제가 24시간이 '행복하다' 라고 말을 하면 무척이나 부러워하기도 하지만 에이, 사람이 어떻게 그럴 수 있어 말도 안 돼 라고 말을 하기도 합니다.

생각하기 나름이지만 세상에는 별별 사람들이 다 있습니다. 그 중에 저처럼 24시간이 행복한 사람이 있다는 것조차 인정하기 싫은 사람들도 있는 모양입니다. 허나 어쩌겠습니까. 따라 다니면서 난 정말 행복하니 날 믿어주십시오, 할 수도 없고 그냥 그러려니 해야죠 뭐.

그런데 왜 이 글을 쓰는가 하면 이런 사람도 있다는 것을 알리기 위해서가 아니고 충분히 많은 사람들이 자신이 처한 현 상황 속에서 행복을 경험할 수 있다고 하는 저의 믿음 때문입니다.

저는 말의 힘이 크다는 것과 칼보다 펜의 위력이 더 크다는 것에 고개를 끄덕입니다. 그래서 훌륭하신 분들의 책을 많이 보고, 스스로가 행복해져서 무해하고 즐거운 행복 바이러스가 널리 널리 전파돼서 많은 사람들이 행복하게 살 수 있기를 바랍니다. 아주 간절하게 말입니다.

제 48 주 꿈으로의 흔적

목표활동		
약속 / 만남		
가 치 상 승	독서	
	心 (심)	
	身 (신)	
일 –		
월 –		
화 –		
수 –		
목 –		
금 –		
토 –		
주간정리		
잊지 말 것		
습관개선		
주간명언		

제 49 주
더불어 살기

도쿄 올림픽 준비로 경기장 확장공사를 하다가 삼년 된 집을 부득이 헐게 되었답니다. 그런데 인부들이 지붕을 들어내다가 꼬리가 못에 박힌 채 꼼짝 못하는 도마뱀 한 마리를 발견했답니다, 그 도마뱀은 집 지을 때 못이 박혀 삼년 동안이나 움직이지 못하면서 죽지 않고 살아온 것입니다. 인부들은 어찌 이 도마뱀이 한자리에 붙박인 채 굶지 않고 살아남았는지 몹시 의아해했습니다. 그래서 몰래 지켜보게 되었습니다. 얼마 지나지 않아 다른 도마뱀 한 마리가 꼬리에 못이 박힌 자기 동료에게 먹이를 물어다 주는 것을 발견하게 되었습니다. 그 도마뱀은 삼년이라는 세월동안 하루에도 몇 번씩이나 친구를 위해 먹이를 날라다 주고 있었던 것입니다.

일본에서 실제 있었던 이 이야기를 통해서 더불어 사는 것의 의미를 다시금 생각해 봅니다. 함께한다는 것은 서로에게 배려와 관심, 사랑이 필요한 일입니다. 혼자보다는 함께일 때 우리는 더 많은 일들을 해낼 수가 있습니다.

나눔의 실천과 봉사는 인생을 값지고 아름답게 만들어줍니다. 이것이 우리가 살아가는 세상입니다. 이기심과 욕심으로 가득 찬 각박한 세상이 될 수 없는 이유이기도 합니다. 주위를 돌아보면 나의 관심이 필요한 사람들이 있습니다. 먼저 배려해주고 이해하면 시끄러울 일이 없습니다. 조금 손해를 감수하더라도 더불어 사는 것이 자신에게 더 큰 도움이 된다는 것은 오랜 세월동안 행복한 생을 살아오신 많은 분들의 삶 속에서 쉽게 찾아볼 수 있는 삶의 지혜입니다. 빈손으로 세상에 왔지만 많은 것을 나누고 간 사람이 진정한 부자가 아닐까 생각하면서 우리 함께 부자가 되기 위해 노력해 봅시다.

제 49 주 꿈으로의 흔적 

목표활동		
약속 / 만남		
가 치 상 승	독서	
	心 (심)	
	身 (신)	
일 –		
월 –		
화 –		
수 –		
목 –		
금 –		
토 –		
주간정리		
잊지 말 것		
습관개선		
주간명언		

제 50 주
소화기

    당신의 주변에서 흔히 보는 소화기를 사용해본 경험이 있습니까? 저는 학교에서 일 년에 두 번씩은 소방훈련을 하면서 소화기 사용실습을 하고 있습니다. 잘 알고 있다시피 소화기는 화재의 초기진화용으로 만들어져 있습니다. 아무리 큰 불이라도 초기에는 진압하기 수월합니다. 폭발이나 대형 화재가 아니라면 누구라도 초기 화재는 소화기로도 충분한 대응이 가능합니다.

    그러나 사용법을 알고 있어도 막상 화재가 발생하면 당황해서 소화기를 사용하지 못하는 경우도 있습니다. 그래서 알고 있다는 것과 경험은 큰 차이가 있습니다. 아직 소화기를 사용해 보지 못했다면 안전 대비를 위해서 실습해 보시고 소화기도 점검해 보시기를 권합니다. 소화기 사용은 당신의 소중한 재산을 지키기 위해서 꼭 필요한 것이기에 실습해 보시고 다른 재난 상황에 대한 대비도 평소 안전한 상태일 때 준비하고 대비하는 것이 바람직할 것입니다.

    그리고 제가 말하고 싶은 소화기가 하나 더 있습니다. 살아가다 보면 때로 우리를 흥분하게 만들고 화나는 일들을 만나곤 합니다. 마음속에 끓어오르는 분을 참지 못해서 일을 엉망으로 만들고 이루어 놓은 것들을 망치는 경우도 만납니다. 이럴 때 나의 마음에 피어나는 불을 끌 수 있는 마음의 소화기가 있다면 정말 좋겠다는 생각을 해봅니다. 화를 가라앉히고 차분하게 해주며 다시 긍정적이고 낙천적으로 원인을 분석하여 일을 해결할 수 있도록 도와주는 소화기를 마련하시기를 바랍니다. 천천히 숫자를 셀 수도 있고, 실제 소화기를 연상하여 안전핀을 뽑고 노즐을 마음으로 향하게 하실 수도 있습니다. 마음을 평안으로 이끌 소화기를 하나 준비하시면 어떨까요.

제 50 주 꿈으로의 흔적

목표활동		
약속 / 만남		
가치상승	독서	
	心(심)	
	身(신)	
일 -		
월 -		
화 -		
수 -		
목 -		
금 -		
토 -		
주간정리		
잊지 말 것		
습관개선		
주간명언		

제 51 주
아름다운 세상을 위하여

혹시 '아름다운 세상을 위하여' 라는 영화를 본 적이 있습니까? 아직 보지 않았다면 적극적으로 추천해주고 싶은 영화입니다. 중학교 사회 선생님인 유진 시모넷은 새 학기가 시작되고 학생들에게 일 년 동안 수행할 숙제를 내줍니다. 우리가 사는 세상을 좀 더 나은 세상으로 바꿀 수 있는 방법을 생각해 오라는 것입니다.

다른 아이들은 숙제는 숙제일 뿐이라고 생각하지만 트레버는 진심으로 이 숙제를 받아들이고 `도움주기` 라는 아이디어를 제안합니다. 그리고 자신의 엄마와 선생님을 비롯한 주변 사람들에게 자신의 계획을 실천하기 시작합니다. 그러나 트레버의 순수한 생각만큼 세상사는 그리 만만하지 않았습니다. 세상을 변화시키려는 그의 용기와 노력에 감격의 눈물을 흘리며 감상한 이 영화는 모순투성이의 세상 속 인간관계에 있어서 가장 본연적인 근본을 '인간에 대한 사랑' 이라고 말하고 있습니다. 다음은 트레버가 영화의 마지막 장면에서 인터뷰하는 내용의 대사입니다.

"나름대로 노력했지만 별 성과는 없었어요. 엄마 쪽은 성공했죠. 할머니하고 만나서 화해를 했어요. 힘든 일이었지만 할머니가 제 생일 파티에 와 주셔서 아주 기뻤어요. 보고 싶었거든요 엄마 덕분에 '도움 주기' 가 여기저기 퍼지게 됐어요. 용기를 내신 덕이죠. 사람들은 너무 겁을 많이 먹는 것 같아요. 어떤 변화에 대해서요. 처지가 아무리 나빠도 익숙해져 있는 사람들은 바꾸기가 힘든가 봐요, 그래서 결국은 포기하고 자신한테 지는 거죠. 계획대로 되진 않아요. 사람들을 잘 살펴봐야만 돼요. 사람들을 지켜보고 보살펴야 돼요. 스스로는 못하니까요. 자전거를 고치는 것보다 훨씬 중요한 일이죠. 사람을 고치는 일이에요."

제 51 주 꿈으로의 흔적 

목표활동		
약속 / 만남		
가치상승	독서	
	心 (심)	
	身 (신)	
일 -		
월 -		
화 -		
수 -		
목 -		
금 -		
토 -		
주간정리		
잊지 말 것		
습관개선		
주간명언		

제 52 주
하고 싶은 일과 인생의 목표

흔적을 통해서 당신의 생활에 여러 가지 변화가 생겼으리라 기대합니다. 작지만 꾸준히 매일 하는 것은 점점 큰 힘을 발휘합니다. 중국 속담에 이런 말이 있습니다. "아무리 작은 일이라도 정성을 담아 10년간 꾸준히 하면 큰 힘이 됩니다. 20년을 하면 두려울 만큼 거대한 힘이 되고 30년을 하면 역사가 됩니다."

급변하는 세상에서 변화를 따라가는 것이 아니라 변화를 이끌어가는 사람이 되려면 자기 개발에 늘 힘써야 함은 아무리 강조해도 부족하지 않을 것입니다. 매일 꾸준히 무엇인가를 익히는 것을 중단하지 마십시오.

성취된 꿈의 목록은 자신감을 심어주는 좋은 경험입니다. 당신이 앞으로도 당신만의 재능을 통하여 세상과 소통하면서 하고 싶은 여러 가지 바람들을 하나하나 이루시길 소망합니다.

자신의 경쟁력을 위해 끊임없이 배우기를 멈추지 마시고, 좋은 책들을 벗으로 삼을 것이며, 아름다운 관계를 통하여 항상 좋은 영향을 주고받기를 바랍니다. 자신의 정체를 분명히 하려고 노력하며, 인생의 목표가 뚜렷하기를 바랍니다. 언제 어느 곳에서 누구와 함께하든지 아름다운 향기를 발산할 수 있도록 세상을 향해 희망을 노래하시고 낙천적인 삶으로, 자신의 원대한 꿈을 향해 항상 도전하시는 멋진 인생항로를 만드시기를 바랍니다.

그러기 위한 인생의 목표를 설정하는 것은, 즉 인생을 대하는 내 삶의 태도를 분명히 하는 것입니다. 나의 정체성을 찾는 중요한 일입니다. 제 인생의 목표는 '항상 행복하자, 머문 자리에서 꼭 필요한 사람이 되자. 그리고 아름다운 삶을 살자' 라는 세 가지입니다. 그리고 노력합니다. 이제는 늘 행복한 사람으로 살고 있으며 가는 곳마다 필요한 사람이 되고자 노력하며 아름다운 삶을 만들어가고 있습니다.

제 52 주 꿈으로의 흔적

목표활동		
약속 / 만남		
가 치 상 승	독서	
	心(심)	
	身(신)	
일 –		
월 –		
화 –		
수 –		
목 –		
금 –		
토 –		
주간정리		
잊지 말 것		
습관개선		
주간명언		

지금 알고 있는 걸 그때도 알았더라면

지금 알고 있는 걸 그때도 알았더라면 내 가슴이 말하는 것에 더 자주 귀 기울였으리라. 더 즐겁게 살고, 덜 고민했으리라. 금방 학교를 졸업하고 머지않아 직업을 가져야 한다는 걸 깨달았으리라.

아니, 그런 것들은 잊어 버렸으리라. 다른 사람들이 나에 대해 말하는 것에는 신경 쓰지 않았으리라. 그 대신 내가 가진 생명력과 단단한 피부를 더 가치 있게 여겼으리라. 더 많이 놀고, 덜 초조해했으리라. 진정한 아름다움은 자신의 인생을 사랑하는 데 있음을 기억했으리라.

부모가 날 얼마나 사랑하는가를 알고 또한 그들이 내게 최선을 다하고 있음을 믿었으리라. 사랑에 더 열중하고 그 결말에 대해선 덜 걱정했으리라. 설령 그것이 실패로 끝난다 해도 더 좋은 어떤 것이 기다리고 있음을 믿었으리라.

아, 나는 어린아이처럼 행동하는 걸 두려워하지 않았으리라. 더 많은 용기를 가졌으리라. 모든 사람에게서 좋은 면을 발견하고 그것들을 그들과 함께 나눴으리라. 지금 알고 있는 걸 그때도 알았더라면 나는 분명코 춤추는 법을 배웠으리라. 내 육체를 있는 그대로 좋아했으리라. 내가 만나는 사람을 신뢰하고 나 역시 누군가에게 신뢰할 만한 사람이 되었으리라. 입맞춤을 즐겼으리라. 정말로 자주 입을 맞췄으리라. 분명코 더 감사하고, 더 많이 행복해 했으리라. 지금 내가 알고 있는 걸 그때도 알았더라면.

- 킴벌리 커버거 -

추억으로 남기고 싶은 사연들

일 자	추 억 거 리	

부록 2 - 아이디어 기록장 

당신에게 달린 일

한 곡의 노래가 순간에 활기를 불어 넣을 수 있다.

한 송이 꽃이 꿈을 일깨울 수 있다.

한 그루 나무가 숲의 시작일 수 있고

한 마리 새가 봄을 알릴 수 있다.

한 번의 악수가 영혼에 기운을 줄 수 있다.

한 개의 별이 바다에서 배를 인도할 수 있다.

한 줄기 햇살이 방을 비출 수 있다.

한 자루의 촛불이 어둠을 몰아낼 수 있고

한 번의 웃음이 우울함을 날려 보낼 수 있다.

한 걸음이 모든 여행의 시작이다.

한 단어가 모든 기도의 시작이다.

한 가지 희망이 당신의 정신을 새롭게 하고

한 번의 손길이 당신의 마음을 보여줄 수 있다.

한 사람의 가슴이 무엇이 진실인가를 알 수 있고

한 사람의 인생이 세상에 차이를 가져다 줄 수 있다.

이 모든 것이 당신에게 달린 일이다.

- 작자 미상

아이디어 기록장

일자	아이디어	활용일

부록 3 - 버킷리스트(죽기 전에 꼭 해볼 일들)

혼자 갑자기 여행을 떠난다.

누군가에게 살아 있을 이유를 준다.

악어 입을 두 손으로 벌려 본다.

2인용 자전거를 탄다.

인도 갠지스 강에서 목욕한다.

나무 한 그루를 심는다.

누군가의 발을 씻어 준다.

달빛 비치는 들판에서 벌거벗고 누워 있는다.

소가 송아지를 낳는 장면을 구경한다.

지하철에서 낯선 사람에게 미소를 보낸다.

특별한 이유 없이 한 사람에게 열 장의 엽서를 보낸다.

다른 사람이 이기게 해준다.

아무 날도 아닌데 아무 이유 없이 친구에게 꽃을 보낸다.

결혼식에서 축가를 부른다.

- 데인 셔우드 -

버킷리스트

시작일	하고 싶은 것	완료일

부록 4 - 간단한 인생 로드맵

성장한 아들에게

내 손은 하루 종일 바빴지. 그래서 네가 함께 하자고 부탁한 작은 놀이들을 함께 할 만큼 시간이 많지 않았다. 너와 함께 보낼 시간이 내겐 많지 않았어. 난 네 옷들을 빨아야 했고, 바느질도 하고, 요리도 해야 했지. 네가 그림책을 가져와 함께 읽자고 할 때마다 난 말했다. "조금 있다가 하자, 얘야." 밤마다 난 너에게 이불을 끌어당겨 주고, 네 기도를 들은 다음 불을 꺼주었다. 그리고 발끝으로 걸어 조용히 문을 닫고 나왔지. 난 언제나 좀 더 네 곁에 있고 싶었다.

인생이 짧고, 세월이 쏜살같이 흘러갔기 때문에 한 어린 소년은 너무도 빨리 커버렸지. 그 아인 더 이상 내 곁에 있지 않으며 자신의 소중한 비밀을 내게 털어 놓지도 않는다. 그림책들은 치워져 있고 이젠 함께 할 놀이들도 없지. 잘 자라는 입맞춤도 없고, 기도를 들을 수도 없다. 그 모든 것들은 어제의 세월 속에 묻혀 버렸다.

한때는 늘 바빴던 내 두 손은 이제 아무것도 할 일이 없다. 하루하루가 너무도 길고 시간을 보낼 만한 일도 많지 않지. 다시 그때로 돌아가, 네가 함께 놀아 달라던 그 작은 놀이들을 할 수만 있다면.

- 작자 미상

5년 단위 인생 로드맵

연령	할 일	갈 곳	소유

부록 5 - 유언장 써보기

저는 유언장을 매년 씁니다. 아니 이제는 매년 업그레이드 한다고 해야 더 정확한 표현이 됩니다. 유서, 유언장은 불길하고 재앙을 가져오는 것이 아닙니다. 유서는 영어의 'Will' 말 그대로 '나의 뜻' 이란 말입니다. 내 뜻을 분명하고 확실하게 전하는 것일 뿐입니다. 죽음은 순서가 없습니다.

유언장을 써보라고 하는 것은 비록 짧은 시간이지만 자신을 좀 더 진실하게 쳐다볼 수 있는 기회를 가지라는 것입니다. 유언장을 써보면서 사람과 사람 사이의 관계도 한번쯤 결산해 보고, 물질과 자신의 관계도 정산하고, 남겨진 가족들에게 삶의 지표를 주는 등 많은 의미가 있는 중요한 일이라고 생각합니다.

진실한 자신의 삶을 만나게 해주며 죽음에 대한 자신의 성숙한 준비, 때로는 진실의 심연에 비친 자신의 삶을 만나는 값진 시간이 될 것입니다. '오늘 내가 이 세상을 떠난다면…' 이라는 확정된 마음으로 유언장을 작성해 보세요.

미리 쓰는 유언장